<u>LWS ▪ Easy-Buchreihe</u>
(Sachbuch- und Ratgeberreihe)

Lothar W. Schmidt

Deutsch-Profi
Der nützliche Deutsch-Helfer
6. Auflage

Handliches Sachbuch und Nachschlagewerk
in Schule und Beruf

Die ideale Lernhilfe für Schüler
Mit Checkliste:
"So lernt man lernen"

Einfacher geht's nicht!

LWS Easy-Buchreihe

Hinweis:
Autor und Mitarbeiter haben größte Mühe darauf ver-
wandt, die Angaben in diesem Werk korrekt und nach
modernen Erkenntnissen zu gestalten. Das Ergebnis
ist ein Handbuch, das jederzeit ein zügiges Nachschla-
gen ermöglicht und auch im Schulunterricht ein unent-
behrlicher Begleiter ist. Dieses Handbuch ist somit eine
ständig griffsbereite Lernhilfe. Für die in diesem Werk
gemachten Angaben kann jedoch keine Gewähr über-
nommen werden. Der Benutzer dieses Werkes ist dazu
aufgefordert, Angaben in diesem Werk ggf. zu überprü-
fen und eigenverantwortlich nach weiteren Gestal-
tungsmöglichkeiten zu suchen. Autor und Verlag wünschen sich, dass dieses Handbuch oft zum erfolgrei-
chen Einsatz kommen wird und dabei hilft, den Schul-
alltag als auch die Arbeit im Büro zu erleichtern.

Impressum:
© 2006 LWS Easy-Buchreihe
Brigitta Schmidt Verlag, Essen
Herstellung: BoD - Books on Demand GmbH

Alle Rechte bei der LWS Easy-Buchreihe!

ISBN 3-8311-0064-0

Autor

Lothar W. Schmidt,

Kontaktaufnahme unter der eMail:
lot_schmidt@web.de

Wir im WEB: www.brigitta-schmidt-verlag.de

Weitere Titel der LWS Easy-Buchreihe, Abteilung Bildung

Deutsche Rechtschreibung – schnell kapiert!
Lernhilfe, lernpädagogisch sinnvoll!

Deutsche Grammatik – schnell kapiert!
Lernhilfe, lernpädagogisch sinnvoll!

Mathematik – schnell kapiert!, Sek. 1i
Lernhilfe, lernpädagogisch sinnvoll!

Klausuren und Prüfungen ohne Ängste schreiben
Mit gezielten Strategien Prüfungsängste überwinden

Erfolgreich reden – leicht gemacht!
Redeaufbau, Wortwahl, Gestik, Mimik, Musterreden.
So bekommen Sie Lampenfieber in den Griff!

5

Inhaltsverzeichnis

A) Rechtschreibung

A) Rechtschreibung

1.   Laute und Buchstaben

Man unterscheidet zwischen dem gesprochenen Wort (Laute) einerseits und dem geschriebenen Wort (Buchstaben) andererseits. Es gibt 26 Buchstaben, die im Alphabet zusammengefasst sind. Hinzu kommen die Zeichen für die drei Umlaute (ä, ö, ü) und das ß.

<u>Buchstaben:</u> a, b, c, d, e, f, g, h, i, j, k, l, m, n, o, p, q, r, s, t, u, v, w, x, y, z

Man unterscheidet zwischen Selbstlaute (Vokale), Mitlaute (Konsonanten) und Doppellaute (Diphthonge)

<u>Selbstlaute (Vokale):</u>
einfache Selbstlaute: a, e, i, o, u
Umlaute: ä, ö, ü
Doppellaute: au, ai, ei, äu, eu

<u>Mitlaute (Konsonanten):</u>
b, c, d, f, g, h, j, k, l, m, n, p, q, r, s, t, v, w, x, y, z

1.1 Selbstlaute

☞ **Nach einem kurzen, betonten Selbstlaut folgt in der Regel ein *doppelter* Mitlaut, und zwar als Doppelmitlaut (Schwi*mm*er, schwi*mm*en) oder als eine Kombination verschiedener Mitlaute (Bä*ck*er, Gebä*ck*, Ka*tz*e, Ne*tz*, schü*tz*en, schma*tz*en, ba*ck*en). In der Mehrzahl von Hauptwörtern und in der Grundform von Tätigkeitswörtern folgt dem doppelten Mitlaut in der Regel ein weiterer Selbstlaut.**

Beispiele: das Blatt – die Blätter, der Sammler – sammeln
die Sonne – sonnte, gesonnt (Grundform: sonnen)
der Wecker – weckt, geweckt (Grundform: wecken)
Hetze – hetzte, gehetzt (Grundform: hetzen)

Jedoch, folgt nach *l, m, n, r,* sowie nach Doppellauten (*au, ai, ei, äu, eu*) kein ck oder tz (Vgl. Regel zu „ck" und „tz" im Abschnitt 1.2 Mitlaute).

Beispiele: Falke, Imker, Bank, Pelz, Schnauze, Kreuz, Gewürz

Beachte: „k" und „z" werden nur nach einem kurzen, betonten Selbstlaut in Fremdwörtern verdoppelt!

Beispiele: Akkord, Akkusativ, Mokka, Piazza, Pizza, Razzia

💣 **Bei einsilbigen Wörtern folgt meistens am Wortende ein weiterer Mitlaut. Dann entfällt die Schreibweise "doppelter Mitlaut", trotz des kurzen Selbstlauts!**

Beispiele:	das Ban<u>d</u> - die Bän<u>de</u>, die Han<u>d</u> - die Hän<u>de</u>, der Stran<u>d</u> - die Strände, das Ne<u>st</u> - die Ne<u>st</u>er
Beachte:	Schwimm<u>b</u>ad (Grundform: schwimm<u>en</u>)

☞ **Ein langer Selbstlaut wird meistens mit _h_ gedehnt, wenn dem _h_ ein l, m, n, r folgt.**

Beispiele:	Fah<u>r</u>t, Hah<u>n</u>, Koh<u>l</u>e, Loh<u>n</u>, Leh<u>m</u>, Pfah<u>l</u>, Zah<u>l</u>, feh<u>l</u>en, keh<u>r</u>en, neh<u>m</u>en, steh<u>l</u>en, woh<u>n</u>en

💣 Ohne Dehnungs-_h_: spaz<u>ie</u>ren, konzentr<u>ie</u>ren, faszinieren, risk<u>ie</u>ren, u. ä.; D<u>ie</u>be, G<u>ie</u>r, H<u>ie</u>be, v<u>ie</u>le,
⇨ hier: trotz **l** und **r** kein Dehnungs-_h_!

☞ **Umlaute werden nicht verdoppelt.**

Beispiele:	der Saal - die Säle, das Haar - die Härchen, das Paar - die Pärchen, das Boot - das Bötchen, die Saat - säen, aber: das Moor - die Moore
Beachte:	Seeelefant, Seeenge (Wortzusammensetzung)

💣 **ä oder e, äu oder eu?** Hier gilt das Stammwortprinzip! Demnach sollen, so wie der Wortstamm, alle daraus abgeleiteten Wörter geschrieben werden.
⇨ Wortfamilie!

Beispiele:	Bändel - B<u>and</u>, Gämse - G<u>ams</u>, Ställe - St<u>all</u>, Stängel - St<u>ange</u>, belämmert - L<u>amm</u>, schwärmen - Schw<u>arm</u>, kräuseln - Kr<u>ause</u>

Beachte: Auch sonst gilt vermehrt das Stammwortprinzip.
Demnach wird auch hier i. d. R. ein Wort derart
geschrieben, wie eine verwandte Wortform.

Beispiele: **Ass** - des A**ss**es, nu**mm**erieren - Nu**mm**er,
pla**tz**ieren - Pla**tz**, ti**pp**en - Ti**pp**, wä**lz**en - Wa**lz**e

Ausnahmen: Eltern - alt, schmecken - Geschmack,
schwenken - schwanken, wecken – wach,
fit und Top (wie Topmodell, Topstar)

💣 Achte auf die Bedeutung des Wortstammes!

Beispiele: **Hä**ute (Körper) - **Heu**te (Tagesangabe)
Lärche (Baum) - **Ler**che (Singvogel)

Beachte: Sch**ä**nke - Ausschank (Theke/Bar)
Sch**e**nke - ausschenken (in Behälter)

beten (Gebet) - betten (Bett)
malen (Bild) - mahlen (Getreide/Mehl)
schlafen (Schlaf) - erschlaffen (schwunglos)
strafen (Strafe) - straffen (spannen)

💣 **ai oder ei?** Die Schreibweise lässt sich weder
durch ein verwandtes Wort (Stammwortprinzip) noch
durch die Verlängerung eines Wortes erkennen. Allerdings werden nur wenige Wörter mit *ai* geschrieben.

Beispiele: **Ei, Eis, Meister, Reise, Teile, Weizen,**

Beispiele: **Hai, Kai, Kaiser, Mai, Mais, Laie, Waise**

💣 Achte auf die Bedeutung des Wortstammes!

Beispiele: Leib (Körper) - Laib (Brot)
                    Seite (Buch) - Saite (Instrument)
                    Weise (klug) - Waise (elternlos)

Aber auch: Lid (Augenwimper) - Lied (Gesang)
                    Mal (ein einziges Mal) - Mahl (Speise)
                    Wal (Meeressäuger) - Wahl (Abstimmung)

1.2 Mitlaute

Mitlaute haben im gesprochenen Wort einen Selbstlaut als "Begleiter". Deshalb werden sie als **Mit**laute bezeichnet.

Beispiele: be, ce, de, ef, ge, ha, ...

💣 Nicht immer ist die deutsche Rechtschreibung lauttreu. Oftmals werden Wörter anders geschrieben, als man sie spricht!

Beispiele am [ks]-Laut:

Achse	- nicht Akse, Ackse, Axe
Dachs	- nicht Daks, Dacks, Dax
Luchs	- nicht Luks, Lucks, Lux
aber: DAX	- Deutscher Aktien Index

💣 Die Beispiele könnten beliebig fortgesetzt werden. In der deutschen Sprache gibt es zudem eine Vielzahl von Regeln mit Ausnahmen. Dieses Handbuch zeigt die gängigsten Ausnahmen im jeweiligen Abschnitt auf. Zur Beherrschung der Ausnahmen hilft jedoch nur **lernen, üben und einprägen!** Denn die Ausnahmen sind vielfach willkürlich festgelegt, ohne dass eine jeweils logisch nachvollziehbare Regel hierzu besteht. Nun aber zu den Grundregeln bei Wortzusammensetzungen:

Wortzusammensetzungen:

☞ **Beim Zusammentreffen zweier oder dreier *gleicher* Mitlaute in zusammengesetzten Wörtern werden alle Mitlaute beibehalten.**

Beispiele: Balletttänzer, Betttruhe, Brennnessel, Flusssand, Fußballländerspiel, Gewinnnummer, Kontrolllampe, Pappplakat, Sauerstoffflasche, Wettturnen, Rohheit, Zähheit, stilllegen, stickstofffrei, selbstständig

Um die Lesbarkeit von Wortzusammensetzungen zu erhöhen, darf man wie folgt schreiben: Einramm-Maschine, Fußball-Länderspiel, Sauerstoff-Flasche, Schmuckblatt-Telegramm. Dies empfiehlt sich insbesondere bei langen Wortzusammensetzungen.

Ausnahmen: dennoch, Drittel, Mittag (trotz Mitte + Tag)

Ähnlich klingende Mitlaute

☞ **Die Verhärtung der Mitlaute *b, d, g, t* im gesprochenen Wort wird in der Schreibung nicht berücksichtigt. Die Schreibweise ist meistens durch die Verlängerung oder in der Mehrzahl eines Wortes erkennbar.**

Beispiele: Geld- Gelder, Lob - loben, trüb - trübe(n), Sieg - siegen, Entgelt – entgelten

Das *ck*

☞ **Nach einem kurzen, betonten Selbstlaut folgt meistens ein *ck*.**

Beispiele: Bäcker, Brücke, Dreck, Fleck, Heck

💣 Es folgt kein ck nach den Mitlauten l, m, n, r!

Beispiele: Falke, Imker, Bank, Schrank,

💣 Nach einem langen Selbstlaut oder einem Doppellaut folgt nie ein **ck**!

Beispiele: Laken, Schaukel, heikel, quieken

Das Dehnungs-*h*

☞ **Wörter, die bereits ein hörbares *h* enthalten, werden mit *h* geschrieben.**

Beispiele: Floh - Flöhe, Schuh, Schuhe,
                      blüht - blühen, glüht - glühen

☞ **Ein langer Selbstlaut wird meistens mit *h* gedehnt, wenn dem *h* ein l, m, n, r folgt.**

Beispiele: Vergleiche Abschnitt 1.1 "Selbstlaute"; Seite 10!

Das *pf*

☞ **Im Anlaut lässt sich das *pf* nur bei sehr deutlicher Aussprache heraushören.**

Beispiele: Pfad, Pfanne, Pferd, Pflaume, Pflicht

☞ **Im Inlaut lässt sich das *pf* bei deutlicher Aussprache sehr gut heraushören.**

Beispiele: Apfel, Hopfen, Tropfen, klopfen, rupfen

☞ **Das *ph* in Fremdwörtern kann in phon, phot, graph und in Einzelfällen durch *f* ersetzt werden.**

Beispiele: Mikrofon, Fotografie, Biografie,
aber auch: Delphin – Delfin,

Beachte: Atmosphäre, Philosophie, Strophe
(Hier: f-Laut, Schreibweise weiterhin mit *ph*)

☞ **Das *gh, rh (nur am Wortende), th* in häufig verwendeten Fremdwörtern kann jew. entsprechend durch g, r, t ersetzt werden.**

Beispiele: Joghurt – Jogurt, Spaghetti – Spagetti,
Katarrh – Katarr,
Panther – Panter, Thunfisch - Tunfisch

Beachte: Rhetorik, Rheuma
(Schreibung von rh am Wortanfang)

☞ Bei *-tial* und *-tiell* in Fremdwörtern ist i. d. R. auch die z-Schreibung (-zial, -ziell) erlaubt, wenn es verwandte Wörter auf -z im Auslaut gibt.

Beispiele: Differential – Differenzial (von Differenz)
Potential – Potenzial (von Potenz)
essentiell – essenziell (von Essenz)
potentiell – potenziell (von Potenz)
substantiell – substanziell (von Substanz)

Das *tz*

☞ Einem kurzen Selbstlaut folgt meistens *tz*, wenn man *tz* spricht und dem kurzen Selbstlaut kein l, m, n, r folgt.

Beispiele: Hetze, Katze, Netz, Schutz, schmatzen

💣 Denke daran: Nach den Mitlauten l, m, n, r und nach Doppellauten folgt nie **tz**!

Beispiele: Malz, Schmalz, Kranz, Herz, zudem: Geiz, Heizung

Der *s*-Laut

Anmerkung: Einen "stimmhaften" *s*-Laut erkennt man daran, dass dieser "weich" gesprochen wird (der hörbare s-Laut, z. B. reisen).

Einen "stimmlosen" *s*-Laut erkennt man daran, dass dieser "scharf" gesprochen wird (der nicht hörbare s-Laut, z. B. reißen).

☞ **Der "stimmhafte" *s*-Laut wird mit *s* geschrieben. Oftmals lässt sich das stimmhafte s nur in der Mehrzahl oder in der Verlängerung heraus hören.**

Beispiele: Rasen, Reisen, Wiese, lesen, sausen,
Gras - Gräser, Haus - Häuser

☞ **Dem "stimmlosen" *s* folgt nach einem kurzen Vokal ein Doppel-s [*ss*], nach einem langen Vokal (auch Umlaute) und einem Diphthong ein ß.**

Beispiele [*ss*]: Masse (Körper), Klasse, Flüsse, Küsse, Schluss
Missverständnis, Kompromiss, Prozess, gewiss

Ausnahmen: das (aber: dass), des, eines, meistens, hast (von haben, aber: hasst von hassen), ist (von sein, aber isst von essen), bis, fast (aber: fasst von fassen)

Beispiele [*ß*]: Maße (Messeinheit), Grüße, Füße, Blöße, Fleiß, fleißig, gießen, reißen, stoßen,

☞ **Wörter mit der Vorsilbe "dis-", oder der Endung auf -nis, -as, -is, -os, -us werden mit einem *s* geschrieben.**

Beispiele: Diskette, Diskothek, Distanz, diskret,
Zeugnis, Ananas, Tennis, Albatros, Bus,

💣 Achte auf die Mehrzahl: Zeugni**ss**e, Anana**ss**e, Albatro**ss**e, Bu**ss**e

Beachte: In der Großschreibung aller Buchstaben eines Wortes wird aus dem *ß* ein *ss*!

Beispiele: AU**SS**EN, FLEI**SS**, FU**SS**BALL, GRÜ**SS**E

💣 **das, dass, oder sodass?** Entscheidend hierbei ist, ob das Wort als Geschlechtswort (Artikel, Begleiter einer Sache bzw. eines Ereignisses) oder als Bindewort (Konjunktion) zur Einleitung eines Nebensatzes eingesetzt wird.

Beispiele: **Das** (Artikel/Begleiter) Auto gehört mir.
Es war klar, **das** (Artikel/Begleiter) war sein Auto.
Es war klar, **dass** (Bindewort) **das** (Artikel/ Begleiter) Auto ihm gehörte.
Das (Artikel/Begleiter) Auto war stark beschädigt, **sodass** (Bindewort) er den Abschleppdienst kommen lassen musste.

t oder *d*

☞ **Adjektive mit der Endsilbe -*lich* werden vor der Endsilbe stets mit *t* geschrieben.**

Beispiele: hoffen*t*lich, mona*t*lich, namen*t*lich, wesen*t*lich

Ausnahmen: abend**d**lich (von Abend̲e),
morgen**d**lich (von Morgen̲de)

☞ **Adjektive mit der Endsilbe -*end* werden stets mit *d* geschrieben.**

Beispiele: hoffen**d** (auf hoffen**d**es Glück),
lachen**d** (lachen**d**es Kind),
laufen**d** (laufen**d**er Athlet),
lernen**d** (lernen**d**er Schüler)

☞ **Lässt sich ein Wort auf die Bedeutung "Ende" zurückführen, so schreibt man *end-*. In allen anderen Fällen schreibt man *ent-*.**

Beispiele: **End**station, **End**stadium, **end**lich, **end**los
aber: **Ent**scheidung, **Ent**wurf, **ent**decken, **ent**laufen

💣 **tod oder tot?** Die Schreibweise richtet sich danach, ob ein Eigenschaftswort (Adjektiv) oder ein Tätigkeitswort (Verb) vorliegt.

Also: **tod** bei Adjektive, **tot** bei Verben!

Beispiele [*tod*]:   **tod**ernst, **tod**müde, **tod**sicher (man fragt *wie* ?)

Beispiele [*tot*]:   **tot**fahren, **tot**lachen, **tot**schlagen (man fragt *was* ?)

2. Groß- und Kleinschreibung

2.1 Großschreibung

☞ **Das erste Wort eines Satzes (Satzanfang) wird großgeschrieben. Großschreibung erfolgt nach Satzzeichen, die ein Satzende begründen.**

Beispiele: Viele Schüler sind ohne Pausenbrot.
Die Schüler haben heute gut aufgepasst.

💣 Nach einem Doppelpunkt wird großgeschrieben, wenn ein vollständiger Satz folgt!

Beispiele: Untersuchungen ergaben: Das muss nicht sein!
Er sagte: "Höre bitte unbedingt genau hin!"

💣 Neben dem Doppelpunkt begründen auch das Ausrufezeichen und das Fragezeichen ein Satzende!

Beispiele: Nimm dein Pausenbrot! Du musst dich stärken.
Warum kommst du nicht? Weil es nicht klappt.

☞ **Die persönliche Anrede *Sie, Ihnen, Ihr*, wird großgeschrieben (*Höflichkeits-Anrede*). Die persönliche Anrede *du, dein, dich, dir, ihr, euer* wird kleingeschrieben *(vertrauliche Anrede)*. Jedoch ist in Briefen die Großschreibung erlaubt.**

Beispiele: Ich möchte **Sie** und **I**hre Familie gerne einladen.
Ich möchte **I**hnen dieses Buch geben.
Ich wünsche **d**ir und **d**einen Freunden alles Gute.
Ich wünsche **e**uch viel Glück.

Beachte: Ich möchte **s**ie (Mehrzahl/mehrere
Personen/keine persönliche Anrede einer ganz
bestimmten Person) alle herzlichst einladen.
Ich möchte **i**hnen (Mehrzahl/mehrere Personen/
keine persönliche Anrede einer ganz bestimmten
Person) meinen Dank aussprechen.

☞ **Tageszeiten nach den Adverbien (Umstandswörtern) *vorgestern, gestern, heute, morgen und übermorgen* werden großgeschrieben.**

Beispiele: *vorgestern* **N**acht, *gestern* **A**bend, *heute* **M**orgen,
morgen **M**ittag, *übermorgen* **N**achmittag

💣 Großschreibung auch bei "auf/in + Sprache".

Beispiele: auf **D**eutsch, auf **E**nglisch, auf **S**panisch,
Ein Referat **auf F**ranzösisch halten.
Einen Brief **in I**talienisch schreiben.

☞ **Feste Redewendungen werden meistens großgeschrieben, wenn ein Artikel (Begleiter) vorausgeht. Hierzu gehören auch die Artikel, die mit Verhältniswörtern zusammengezogen werden.**

💣 Es gibt bestimmte Artikel (der, die, das) und unbestimmte Artikel (ein, eine, ein). Zudem können Artikel mit Verhältniswörtern (ans, am, beim, ins, im, zum, ...) zusammengezogen werden.

Beispiele:
der **K**lassenraum, die **S**chule, das **G**ebäude, ein **S**chulbuch, eine **T**afel, ein **S**chüler

ans (an + das) **E**ingemachte,
aufs (auf + das) **N**eue,
fürs (für + das) **E**rste, ins (in + das) **R**eine bringen,
im (in + dem) **B**esonderen, zum (zu + dem) **B**esten

Ausnahme:
Bei Verschmelzung des Artikels mit der Präposition *am* wird das darauf folgende Superlativ (Steigerungsform von Eigenschaftswörtern) kleingeschrieben.

Beispiele:
am **l**autesten, *am* **m**eisten, *am* **ü**belsten

💣 Die unbestimmten Zahlwörter) **bisschen, ein, andere, meist, paar** (aber: ein **P**aar Schuhe)**, viele, wenig** werden trotz eines vorausgehenden Artikels kleingeschrieben!

Beispiele:
Ein **b**isschen lernen - Ein **p**aar Schüler,
Der **e**ine sagt ja - Der **a**ndere sagt nein,
das **m**eiste, die **m**eisten, am **m**eisten,
das **w**enige, ein **w**eniges, am **w**enigsten

Beachte:
Großschreibung von: der **E**inzelne, alles **Ü**brige alles **W**eitere, **V**erschiedenes sagen!

☞ **Hauptwörter (Substantive), auch Nomen genannt, werden grundsätzlich großgeschrieben. Sie haben oft einen Artikel bei sich oder können einen Artikel als Begleiter bei sich haben.**

<u>Beispiel:</u>   Er besitzt einen sehr starken Trotz.
(Trotz=Substantiv, der einen Artikel bei sich hat oder einen Artikel bei sich haben könnte
⇨ der Trotz/einen Trotz)

Das Wort "grundsätzlich" bedeutet immer, dass es eine Ausnahme bzw. Ausnahmen von der Regel gibt.

<u>**Ausnahme:**</u>   Substantive werden kleingeschrieben, wenn sie in eine andere Wortart (Präposition oder Adverb) übergehen. Vergl. Abschnitt "Kleinschreibung".

<u>Beispiele:</u>   Ich habe viel Freizeit, trotz der Schulaufgaben.
(trotz-Präposition, steht hier demnach nicht als Substantiv ⇨ man könnte auch *wegen* statt *trotz* als Präposition einsetzen)

Ich konnte es anfangs nicht feststellen.
(anfangs=Adverb, ⇨ aber: der Anfang)

Beachte:

Wichtig ist zudem das Erkennen von mit Verhältniswörtern (Präpositionen)zusammengezogenen Artikeln!
Denke immer daran, dass jedes Hauptwort ein festes grammatisches Geschlecht hat, das

entweder männlich (das ⇨ Maskulinum), weiblich (die ⇨ Femininum) oder sächlich (das ⇨ Neutrum) sein kann. Daher lassen sich alle Substantive zumindest "gedanklich" mit einem Artikel als Begleiter ausstatten. Also auch dann, wenn der Artikel im Satz verborgen bleibt!

Beispiele: Mein *(der)* **V**ater kommt zu meiner *(der)* **M**utter.
                    Eine *(die)* **S**chülerin war gestern krank.
                    Es ist bald *(das)* **W**ochenende.

☞ **Großgeschrieben werden auch Substantive in Bindestrich-Zusammensetzungen und wenn sie im festen Gefüge (oftmals Redeart/-wendungen) auftreten.**

Beispiele: **T**rimm-dich-**P**fad (⇨ Bindestrich- Zusammensetzung)
                    außer **A**cht lassen, in **A**nbetracht dessen, **A**ngst
                    haben/machen, **A**uto fahren, **R**ad fahren,
                    Hof halten, **M**aschine schreiben (⇨ festes Gefüge)

                    Bange machen, mit/in **B**ezug auf, letzten **E**ndes,
                    im **G**runde genommen, dem **G**runde nach,
                    in **H**insicht auf, **L**eid tun, des **N**achts, **R**echt
                    haben/behalten, in **R**ücksicht auf, von **S**eiten,
                    Schuld haben/geben, auf etwas **W**ert legen

💣 Nicht großgeschrieben werden Zusammensetzungen, die mit Einzelbuchstaben oder Abkürzungen beginnen, die auch sonst kleingeschrieben werden!

<u>Beispiele:</u>	i-Punkt, s-Laut, **kg**-Angabe
	km-Anzeiger, aber: **KM**-Anzeiger
<u>Ausnahme:</u>	die **A**-Gruppe (Seriengruppe, Manschaftsteil)

☞ **Zum Hauptwort erhobene Tätigkeitswörter (substantivierte Verben) werden großgeschrieben. Sie haben einen Artikel als Begleiter bei sich oder können einen Artikel als Begleiter bei sich haben.**

<u>Beispiele:</u>   *Das* Lernen macht mir Spaß.
Manchmal kann *(das)* Lernen schwierig sein.

Es war *ein* laute*s* Lachen.
Es herrschte *ein* **K**ommen und **G**ehen.
Ich wünsche dir alle*s (all das)* **G**ute.
Jede*r (der)* Einzelne ist hier verantwortlich.

Durch *(das)* **S**paren, beim (bei dem) **L**esen,
im *(in dem)* **V**orbeigehen, dein *(das)* **L**achen,
dieses *(das)* **L**esen, jenes *(das)* **W**andern

laute*s (das laute)* **L**achen,
leise*s (das leise)* **F**lüstern,
trickreiche*s (das trickreiche)* **S**pielen

💣 Bemerkt? In der Regel bleibt das Verb im Infinitiv bestehen. Es behält also meistens die Grundform (Endung *-en*) bei!

☞ **Zum Hauptwort erhobene Eigenschaftswörter (substantivierte Adjektive) und entsprechende Zeitstufen (Partizipien) werden großgeschrieben.**

Beispiele für substantivierte Adjektive:

(Wie ist es?) allgemein	- aber: im (in dem) **A**llgemeinen
(Wie ist es?) gut	- aber: das **G**ute
(Wie ist es?) blau	- aber: Er erkannte es am (an dem) **B**lau
(Wie ist es?) rot	- aber: Er fuhr bei (dem) **R**ot über die Ampel
(wie ist es?) schlimm	- aber: aufs (auf das) **S**chlimmste gefasst
(wie ist es?) neu	- aber: Es gab (etwas/das .../nichts) **N**eues

Beispiele für substantivierte Partizipien:

Er ist findend ⇨ Partizip: Endung -end
Aber: Das zu **F**indende war noch zu   suchen.

Er ist singend ⇨ Partizip: Endung -end
Aber: Der zu **S**ingende kam zu spät zur Vorstellung.

nachstehend ⇨ Partizip: Endung -end
Aber: Das **N**achstehende
Aber auch: bekannt - Das bereits **B**ekannte

💣 **Beziehen sich Adjektive und Partizipien auf ein vorhergehendes oder nachstehendes Substantiv, dann werden sie kleingeschrieben!**

Beispiele:	Er ist gerne Bonbons, *die* leckersten (vorhergehendes Substantiv=Bonbons) zuerst.

Es waren nur sieben Schüler pünktlich, *der* achte (vorhergehendes Substantiv=Schüler) kam zu spät.

Von allen Schülerinnen war sie *die* beliebteste. (vorhergehendes Substantiv=Schülerinnen)

Er ist *der* bekannteste von allen Schülern. (nachstehendes Substantiv=Schülern)

☞ **Adjektive in mehrteiligen Eigennamen werden großgeschrieben, sofern sie einen Bezug auf Botanik, Geografie, Zoologie, Titel, Feiertage und Epochen aufweisen.**
(⇨ Gattungsbezeichnungen, Begriffseinheiten)

Beispiele:
Die Gemeine Stubenfliege, das Fleißige Lieschen, das Rote Meer, die Große Mauer (in China), die Kapverdischen Inseln, der Schiefe Turm von Pisa, der Heilige Abend, die Ältere Steinzeit, Technischer Direktor, Leitender Akademischer Direktor

💣 Nicht immer handelt es sich um Eigennamen. In diesen Fällen entfällt die Großschreibung!

Beispiele:
die schwarze Magie, der erste Spatenstich, die goldene Hochzeit, im neuen Jahr

Beides ist erlaubt:
die grüne/Grüne Witwe, das schwarze/Schwarze Brett, der letzte/Letzte Wille
aber: die Schwarze Witwe (Spinnenart, Zoologie)

<u>**Beachte:**</u>	Eigennamen mit Nennung von Farben werden grundsätzlich kleingeschrieben!
<u>Beispiele:</u>	der *w*eiße Tod, die *s*chwarze Pest, die *g*raue Eminenz, die *r*ote Karte, das *g*elbe Trikot (irgendein Trikot)
<u>**Ausnahmen:**</u>	Das Gelbe Trikot (Tour de France, Titel), Die Rote Karte (Begriffseinheit) Die Weiße Lilie (Pflanzenart, Botanik), Die Rote Rose (Pflanzenart, Botanik), aber: die *r*ote Rose (irgendeine rote Rose)

☞ **Adjektivische Ableitungen von Eigennamen werden kleingeschrieben. Sie können großgeschrieben werden, wenn der Name durch ein Apostroph abgetrennt wird.**

<u>Beispiele:</u>	die *g*oetheschen Romane, die Goethe´schen Romane, das *o*hmsche Gesetz, das Ohm´sche Gesetz, die *s*chillerschen Balladen, die Schiller´schen Balladen

💣 Pronomen (Fürwörter), Adverbien (Umstandswörter), Präpositionen (Verhältniswörter), Konjunktionen (Bindewörter) und bestimmte sowie unbestimmte Numerale (Zahlwörter) werden meistens großgeschrieben, wenn sie zu Substantiven werden. Sie haben dann i. d. R. einen Artikel als Begleiter!

Beispiele mit Pronomen:

Er bot ihr *das* **D**u an. Sie hatte *das* gewisse **E**twas.
Grüß mir *die* **D**einen. Grüß mir *die* **S**einen.
Jedem *das* **S**eine und mir *das* **M**eine.

Ausnahmen: Schon *(ein)* **m**ancher hat sich geirrt.
Dies muss *(ein)* **j**eder selbst wissen.
Ich muss mal mit *(den)* **b**eiden reden.

Beispiele mit Adverbien:

im *(in dem)* **N**achhinein. *Das* **H**ier und **H**eute.
Das **G**estern und **V**orgestern ist längst vorbei.

Beispiele mit Präpositionen und Konjunktionen:

Das **F**ür und **W**ider abwägen (Präposition).
Das **W**enn und **A**ber ausschließen (Konjunktion).

Beispiele mit bestimmten/unbestimmten Numerale:

Er schrieb gestern *eine* **E**ins im Diktat.
Er kam als *(der Dritte)* **D**ritter in's Ziel.
das **G**anze, *der* **N**ächste, *das* **Ü**brige,
einige **D**utzend, mehrere **H**undert,
viele **T**ausend, noch mehr **M**illionen

💣 I. d. R. Kleinschreibung der Zahlenadjektive
(z. B. einige, viele)!

Verwende zum Üben der Regeln auch die gebräuchlichen Fremdwörter
deutschsprachiger Begriffe. Präge dir diese Fremdwörter gut ein.

2.2 Kleinschreibung

Anmerkung: Ob Groß- oder Kleinschreibung - zur richtigen Schreibweise werden Grammatik-Kenntnisse vorausgesetzt.
Vergleiche Kapitel "Grammatik - Wortarten".

☞ **Wörter, die nicht der Großschreibung unterliegen, werden kleingeschrieben (Umkehrschluss zur Großschreibung).**

<u>Ausnahme:</u> Geht Substantiven eine Form der beiden Hilfsverben (Zeitwörter) *"sein"* oder *"werden"* voraus, dann gelten diese Substantive als Adjektive und werden folglich kleingeschrieben!

<u>Beachte:</u> Zu den Formen des Hilfsverbs *"sein"* gehören die Hilfsverben *bin, bist, ist, sind, war, warst!*

Zu den Formen des Hilfsverbs *"werden"* gehören die Hilfsverben *werde, wirst, wird, werden, wurde, wurdest!*

<u>Beispiele:</u> Ich habe Angst - Mir *ist* angst und **b**ange.
Mir *wird* angst und **b**ange.

Ich habe Recht - Das *ist* mir recht. Dir *wird* recht getan.

Ich habe Schuld - Ich *bin* **s**chuld. Du *bist* **s**chuld.

3. Zusammen- und Getrenntschreibung

3.1 Zusammenschreibung

☞ **Die Zusammenschreibung ist eher eine Ausnahme. Jedoch werden Wortarten zusammengeschrieben, wenn der erste Wortteil nicht allein vorkommt oder einen unkorrekten Sinn (inhaltlich bzw. von der Bedeutung nicht zutreffend) ergibt.**

Beispiele:

freisprechen -	Richterspruch
frei sprechen -	Redebeitrag/Vortrag
großschreiben -	Großschreibung
groß schreiben -	großer Schriftzug
gutschreiben -	auf dem Konto
gut schreiben -	einen Aufsatz
kaltstellen -	seinen Gegner
kalt stellen -	den Pudding
sichergehen -	Gewissheit haben wollen
sicher gehen -	ohne Gehhilfe

Beachte: Adjektiv-/Verbverbindungen können zusammengeschrieben werden, wenn ein einfaches Adjektiv das Ergebnis eines Vorgangs bezeichnet.

Beispiele: den Teller leeressen – den Teller leer essen, die Zwiebeln kleinschneiden/klein schneiden (Getrennt- und Zusammenschreibung erlaubt).

☞ **Wortzusammensetzungen aus gleichrangigen Adjektiven werden zusammengeschrieben. Zwischen beiden Wortteilen könnte ein "und" stehen.**

Beispiele: bitterkalt (bitter *und* kalt), rotgelb (rot *und* gelb), dummdreist (dumm *und* dreist), feuchtwarm, (feucht *und* warm), nasskalt (nass *und* kalt), wehklagend (weh *und* klagend)

Beachte: Folgende Wortteile kommen in der Wortzusammensetzung als erster oder als zweiter Bestandteil so nicht selbstständig vor und werden daher zusammengeschrieben:

ab-, an-, auf-, aus-, dafür-, dagegen-, davon-, dazu- drauflos-, durch-, einher-, herunter-, hin-, hinter-, letzt-, lieb-, los-, mit-, schwerst-, über-, um-, unter-, viel-, voll-, voraus-, vorübere, weis-, weiter-, wett-, wider-, wieder-, zurück-, zusammen-

Beispiele: *ab*ändern, *an*eignen, *auf*passen, *aus*gehen, *dafür*halten, *dagegen*steuern, *davon*fahren, *dazu*stellen, *drauflos*halten, *durch*brechen, *einher*gehen, *herunter*kommen, *hin*geben, *hinter*gehen, *letzt*malig, *lieb*kosen, *los*fahren, *mit*reden, *schwerst*behindert, *über*setzen, *um*gehen, *unter*laufen, *viel*deutig, *voll*enden, *voraus*gehen, *vorüber*gehend, *weis*sagen, *weiter*gehen, *wett*machen, *wider*sprechen, *wieder*kommen, *zurück*kommen, *zusammen*halten

💣☀ Achte auf die Bedeutung, insbesondere dann, wenn Wortergänzungen hinzukommen!

Beispiele:
Er wird ihr hinterhergehen.
Er wird hinterher gehen.
Zu Satz zwei:
Zum späteren Zeitpunkt ⇨ weg/davon!

Er nimmt seinen Stock um zu gehen.
Er weiß mit der Situation nicht umzugehen.
Zu Satz vier:
nicht i. S. v. gehen ⇨ umgehen können mit ...

☞ **Wortarten werden zusammengeschrieben, wenn sie einen bedeutungsverstärkenden oder bedeutungsmindernden Bestandteil enthalten.**

Beispiele:
bärenstark, **brand**aktuell, **erz**konservativ, **extra**stark, **gemein**wohl, **grund**sicher, **hyper**aktiv, **stock**dunkel, **spitzen**mäßig, **super**schlau, **tod**müde, **turbo**stark, **ur**komisch

☞ **Wortzusammensetzungen mit -auf, -ab, -dessen, -dings, -falls, -maßen, -so, über-, -wegs, -weilen, irgend-, zu- werden zusammengeschrieben.**

Beispiele:
berg**auf**, berg**ab**, infolge**dessen**, aller**dings**, besten**falls**, einiger**maßen**, eben**so**, **über**setzen, gerade**wegs**, bis**weilen**, **irgend**etwas, **zu**allererst

☞ **Wortzusammensetzungen mit den "verblassten" Substantiven wie berg-, brand-, hand-, haus-, heim-, irre-, kopf-, not-, preis-, schlaf-, schluss-, schutz-, stand-, teil-, werden zusammengeschrieben.**

<u>Beispiele:</u> **berg**steigen, **brand**marken, **hand**haben, **haus**gemacht, **heim**suchen, **irre**führen, **kopf**rechnen, **not**landen, **preis**geben, **schluss**folgern, **schutz**impfen, **stand**halten, **teil**nehmen,

💣 Achte auch hier immer auf die Wortbedeutung! Denn: ... in der ***Not*** *landen*, ... einen ***Preis*** *geben*, ... zum ***Schutz*** *impfen*, ... einen ***Teil*** *nehmen*, usw.

☞ **Wortarten werden zusammengeschrieben, wenn ein Wortteil aus eine Substantiv/Verb-Verbindung oder substantivierte Verb/Verb- bzw. Adjektiv/Verb-Verbindung besteht.**

<u>Beispiele mit Substantiv/Verb-Verbindung:</u>

das Autofahren,	aber: mit diesem Auto fahren
das Eislaufen,	aber: auf dem Eis laufen
das Radfahren,	aber: mit dem Rad fahren

Beachte: Zusammenschreibung, wenn Substantiv und Verb eine untrennbare Zusammensetzung bilden und die Reihenfolge der Teile erhalten bleibt oder wenn die Ursprungsbedeutung des Substantivs verblasst.

<u>Beispiele:</u> <u>nacht</u>wandeln, <u>schluss</u>folgern, <u>teil</u>nehmen

Beispiele mit Verb/Verb-Verbindung:

das Kennenlernen,	aber: Er möchte dich kennen lernen.
das Liegenlassen,	aber: Er soll diesen Gegenstand liegen lassen.
das Spazierengehen,	aber: Er möchte gerne mit Simone spazieren gehen.

Beispiele mit Adjektiv/Verb-Verbindung:

das Geringschätzen,	aber: Er wird Marlies künftig gering schätzen.
das Deutlichmachen,	aber: Er will dies in Zukunft deutlich machen.

3.2   Getrenntschreibung

☞ **Wortverbindungen werden i. d. R. getrennt geschrieben. Dies gilt grundsätzlich auch für Substantiv/Verb-, Verb/Verb- und Adjektiv/ Verbverbindungen.**

Beispiele mit Substantiv/Verb-Verbindung:

Auto fahren, Angst haben, Diät leben, Dienst haben, Folge leisten, Halt machen, Leid tun, Not leiden, Rad fahren

Beispiele mit Adjektiv/Verb-Verbindung:

abseits stehen, vorwärts blicken, zustande bringen

Beachte:	Getrennt zu schreibende Wortverbindungen aus Adjektiv/Adjektiv-Verbindung erkennt man oft daran, dass sich das Adjektiv steigern oder mit *"sehr"* bzw. *"ganz"* erweitern lässt.
Beispiele:	schlecht verdaulich (*sehr* schlecht verdaulich), <u>aber auch:</u> übel nehmen (*sehr* übel nehmen),

☞ Wortteile, deren erster Bestandteil aus einem Adjektiv mit der Endung -ig, -isch, oder -lich besteht werden getrennt geschrieben.

Beispiele:	ems**ig** lernen, zänk**isch** sein, deut**lich** machen
Beachte:	Verbindungen mit einem **Partizip als zweitem Bestandteil** können getrennt geschrieben werden.
Beispiele:	Aufsicht führend – aufsichtführend (Partizip I) Gewinn bringend – gewinnbringend (Partizip I)
Ausnahmen:	auschlaggebend – den Ausschlag geben milieubedingt – durch das Milieu bedingt
Beachte:	Verbindungen mit einem **einfachen ungebeugten Adjektiv** können getrennt geschrieben werden.
Beispiele:	allgemein gültig – allgemeingültig leicht verdaulich – leicht verdaulich
aber auch:	außer Stande / außerstande, in Frage / infrage, auf Grund / aufgrund, mit Hilfe / mithilfe, an Stelle / anstelle, zu Grunde / zugrunde, zu Gunsten / zugunsten, zu Wege / zuwege (Feste Wortverbindungen aus **Präposition und Nomen**)

☞ **Wörter in Verbindung mit dem Verb "sein" oder in Verbindung mit "wie", "so", "zu", "gar" und "dass" werden getrennt geschrieben.**

Beispiele: da **sein**, dabei **sein**, dort **sein**, fertig **sein**, hier **sein**,
pleite **sein**, vorbei **sein**, zufrieden **sein**, zurück **sein**

wie sehr, **wie** viele (aber: wieviel?), **so** viele,
so weit, genau**so** gut, um**so** mehr, **zu** viele,
zu wenig, **zu** teuer, **gar** kein, **gar** nicht,
außer **dass**, besser **dass**, ohne **dass**, statt **dass**

💣 Achte auf die Groß- und Zusammenschreibung bei der Substantivierung von Wortverbindungen!
z. B. *das* Hiersein, *das* Vorhandensein, *das* Zusammensein

Ausnahme [so]:

Die Verbindung mit *"so"* am Anfang eines Nebensatzes wird immer zusammengeschrieben.

Beispiele: *so*bald ..., *so*dass ..., *so*fern ..., *so*oft ...

💣 Bei Ziffernverbindungen mit Wörtern und Zusammensetzungen mit Einzelbuchstaben werden Bindestriche verwendet!

Beispiele: 2-mal, 15-jährig, 18-Jähriger, 100-prozentig,
200-seitig, 2-zeilig, A-Dur, s-Laut, T-Shirt

Aber auch:
A-Dur-Tonleiter, 1-Euro-Stück,
3-Mark-Briefmarke,
1000-Jahr-Feier, Kopf-an-Kopf-Rennen, Mund-zu-Mund-Beatmung, Mund-zu-Mund-Propaganda

Ausnahme: Zwischen Ziffer und *Nachsilbe* kommt kein Bindestrich.

Beispiele: *3fach* (drei*fach*), *60er* Jahre (Sechzig*er* Jahre)

◆☀ Bei Wortverbindungen in Aneinanderreihungen werden Bindestriche verwendet. Meistens beziehen sich die Wortverbindungen auf substantivierte Verben!

Beispiele: *das* Auf-die-lange-Bank-Schieben,
das In-den-Tag-Hineinträumen,
das Von-der-Hand-in-den-Mund-Leben,
Aber auch:
Als-ob, Entweder-oder, Sowohl-als-auch

◆☀ Bindestriche können verwendet werden, um den Aufbau eines Wortes zu verdeutlichen, um Missverständnisse zu vermeiden oder um die Lesbarkeit zu verbessern!

Beispiele: Ich-Erzählung, statt: Icherzählung
Ich-Sucht, statt: Ichsucht
Druck-Erzeugnis, statt: Druckerzeugnis
(Im letzten Fall: auf die Bedeutung achten)!
⇨ Druck-Erzeugnis, aber: Drucker-Zeugnis

Beides ist möglich:

Kaffee-Ersatz (Kaffeeersatz),
Klima-Anlage (Klimaanlage),
Ölmess-Stab (Ölmessstab),
Sauerstoff-Flasche (Sauerstoffflasche),
Schmuckblatt-Telegramm
(Schmuckblatttelegramm)
Schnell-Läufer (Schnellläufer),
Schluss-Satz (Schlusssatz),
See-Elefant (Seeelefant)

💣 Obwohl beide Schreibweisen nicht falsch sind, empfiehlt es sich, aus Gründen der Übersichtlichkeit und Lesbarkeit im Zweifelsfalle die Wortverbindungen mittels Bindestrich zu trennen!

☞ **Wird bei Wortzusammensetzungen ein gemeinsamer Wortbestandteil ausgelassen, so wird als Ergänzung ein Bindestrich verwendet.**

Beispiele: Ein- und Ausschalter, be- und entladen,
              Geld- und andere Sorgen, saft- und kraftlos

💣 Achte auf die Bedeutung zu v. g. Regel!

Beispiele: ab- und zunehmen
              (Gewicht abnehmen und zunehmen),
              aber: ab und zu nehmen
              (gelegentlich etwas nehmen)

4. Worttrennung

4.1 Worttrennungen mit und ohne Konsonanten

Anmerkung: Die neue Rechtschreibreform lässt am Zeilenende die konsequente Worttrennung nach Sprechsilben (Silbentrennung) zu. Hierbei muss man folgende Grundregeln beachten:

☞ **Wörter werden nach Sprechsilben getrennt. Nach dem Trennstrich folgt ein Konsonant, falls vorhanden. Bei mehreren Konsonanten wird nur der letzte Konsonant abgetrennt. Dies gilt auch für "st".**

Beispiele mit Trennung eines Konsonanten, von mehreren Kosonanten sowie ohne Konsonanten:

Au-to, La-ger, We-ge-recht, lau-fen, ra-ten

Mor-gen, Nes-ter, Platz-wun-de, wan-dern

Bau-er, Pfau-en-ei-er, sä-en, zwei-ei-ig

Auch nachfolgend werden die Regeln - wie bereits im letzten Abschnitt - mit den hierfür gebräuchlichen Fremdwörtern beschrieben. Dies soll dir die Gewöhnung an diese Fremdwörter erleichtern!

Beispiele mit und ohne Konsonanten:

Be-gut-ach-tung, Be-am-ten-an-wär-ter,
Ne-an-der-ta-ler, Nicht-ein-tritt
(aber: nich-tig, Nich-tig-keit), See-igel

Ausnahme: Die Buchstabenverbindung *"ck"* wird nicht mehr
nach Sprechsilben getrennt, sondern als Einheit
beibehalten.

Beispiele: Zu-*ck*er statt Zuk-ker, We-*ck*er statt Wek-ker

☞ **Wörter, die einen sprachhistorischen Zusammen-hang nicht mehr eindeutig erkennen lassen, werden ebenfalls nach Sprechsilben getrennt. In den meisten Fällen ist hier die Trennung nach den alten Regeln erlaubt, sodass die Trennung auf zweierlei Weise erfolgen kann.**

Beispiele: da-rum/dar-um, ei-nan-der/ein-an-der
hi-nauf/hin-auf, wa-rum/war-um

💣 Im Zweifelsfalle empfiehlt es sich, nach der neuen Schreibweise vorzugehen. Hierbei wird - falls vorhanden - der letzte Konsonant vom Zeilenende abgetrennt und auf die nächste Zeile gesetzt. Dies gilt i. d. R. auch für Fremdwörter!

Beispiele: da-<u>r</u>um, da-<u>r</u>aus, da-<u>r</u>un-<u>t</u>er, he-<u>r</u>un-<u>t</u>er, wo-<u>r</u>ü-<u>b</u>er,
In-ten-<u>d</u>ant, Na-an-<u>c</u>e, no-<u>t</u>a-<u>r</u>i-ell, il-<u>l</u>e-<u>g</u>al, se-<u>r</u>i-ös

☞ **Buchstabenverbindungen, die als "Einheit" be-
handelt werden, bleiben bei der Worttrennung als
Einheit erhalten. Dies gilt neben ch, sch, ph, rh, th,
nunmehr auch für ck.**

Beispiele: Wo-**che**, Ta-**sche**, Nym-**phe**, Dis-ko-**th**ek, Bä-**ck**er
su-**ch**en, wa-**sch**en, tri-um-**ph**ie-ren, zu-**ck**en

Beachte: Einzelne Vokale am Satzanfang sollen nicht abgetrennt werden.

Beispiele: Abend, Ufer, aber, oder; Sonn-abend, Wild-ufer

☞ **Wörter auf "-ung" werden - falls vorhanden -
beim letzten Konsonanten abgetrennt.**

Beispiele: Ver-beu-gung, Ver-hand-lung, Zer-stö-rung
(aber: Trau-*ung*, Ver-dau-*ung*, Zer-streu-*ung*)

💣 Fremdwörter lassen sich - wie einige deutsche
Wörter - auf unterschiedliche Weise trennen. Auch hier
empfiehlt es sich, im Zweifelsfalle - falls vorhanden -
den letzten Konsonanten einer Sprechsilbe abzutren-
nen und auf die nächste Zeile zu nehmen!

Beispiele: Chir-urg/ Chi-rurg, Hekt-ar/ Hek-tar,
In-ter-es-se/In-te-res-se, Ma-gnet/Mag-net,
Päd-a-go-ge/Pä-da-go-ge, Qua-drat/Quad-
rat, mö-bliert/möb-liert, par-al-lel/pa-ral-lel

Beachte: Einsilbige Wörter werden nicht abgetrennt!

Beispiele: Frost, Frust, Grund, Hand, Kalb, Sand, Strand,
dann, dünn, fett, gelb, meist, oft, reif, und, zwar

💣 Für Schüler und Deutschkurs-Teilnehmer:

Nachfolgend sind zahlreiche Übungsbeispiele zur
Trennung von Wörtern aufgeführt. Versuche, die Wör-
ter an der richtigen Stelle zu trennen.
Nimm dir einen Partner, der dir die Beispiele diktiert!

Au-to-mat, Dok-to-rat, Domp-teur, Don-ner, Drechs-le-rei, Fa-vo-
ri-tin, Fern-hei-zung, Geis-tig-keit, Geist-lich-keit, Ge-jam-mer, Ge-lei-
er, Ham-pe-lei, Hand-rei-chung, Hand-ta-sche, Har-mo-ni-um, In-dia-ner (auch: In-dia-ner), Knech-te-rei, Ko-a-li-ti-on (auch: Koa-li-tion),
Kom-mi-sar, Kon-fek-ti-on, Ko-o-pe-ra-ti-on (auch: Koo-pe-ra-tion),
Kor-rek-tur, Kor-res-pon-denz, Kür-zung, Mi-nis-ter, Or-ga-nis-mus,
Or-tho-gra-fie, Pa-ckung, Pa-ket, Pap-pen-stiel, Pa-ral-le-le, Par-la-
men-ta-ri-er, Platz-hal-ter, Plat-zie-rung, Po-e-sie (auch: Poe-sie), Re-
ak-tor, Re-a-li-sie-rung (auch: Rea-li-sie-rung), Schluck-imp-fung, Ver-
dau-ung, Ver-fas-sung, Ver-hin-de-rung, Wu-schel-kopf, Wüs-ten-
be-woh-ner, Wüst-ling, Za-cken-kro-ne, Zäh-flüs-sig-keit, Zau-be-
rer, Zau-de-rei, Ze-cken-biss, Zei-ge-fin-ger, Ze-ment, Zer-rung, Zie-
hung, Ziel-set-zung, Ziel-stre-big-keit, Zu-hau-se

be-o-bach-ten, (auch: beo-bach-ten), ein-an-der (auch: ei-nan-der),
fros-tig, güns-tig, in-te-res-sant, plat-zieren, pro-tes-tie-ren,
schi-cken, voll-en-den (auch: vol-len-den), wa-chen, wohl-auf, zu-
hei-len, zu-hö-ren, zu-zie-hen, zu-guns-ten, zu-gu-te, zu-gu-ter-letzt

5. Zeichensetzung

5.1 Satzschlusszeichen

☞ **Das Satzschlusszeichen kennzeichnet den Schluss eines Satzes. Je nach Aussageabsicht können folgende Satzzeichen verwendet werden:**

Der Punkt

Ist mit dem Satz eine besondere Betonung bzw. Aussage nicht beabsichtigt, so endet der Satz mit einem Punkt.

Beispiel: Der Schulunterricht in Mathematik fällt heute aus.

Das Ausrufezeichen

Ist mit dem Satz eine besondere Betonung wie Aufforderung, Ausruf oder Wunschaussage beabsichtigt, so endet der Satz mit einem Ausrufezeichen.

Beispiele: Bitte warte auf mich!
                     (Aufforderung)
                     Super!, Wahnsinn!, Nicht schlecht!
                     (Ausruf)
                     Toll, wenn du Zeit für mich hättest!
                     (Wunschaussage)

Das Fragezeichen

Soll mit dem Satz eine Frage ausgedrückt werden, so endet der Satz mit einem Fragezeichen.

Beispiel: Soll ich das Auto in die Werkstatt bringen?

5.2   Verbindungszeichen

☞ **Sätze können unterschiedlich gegliedert bzw. miteinander verbunden sein. Folgende Verbindungs-bzw. Gliederungszeichen können hierbei eingesetzt werden:**

Beispiel **[Punkt]:**   Ich habe auf dich gewartet. Du warst nicht da.

Beispiel **[Komma]:**   Ich habe auf dich gewartet, du warst nicht da.

Beispiel **[Semikolon]:**   Ich habe auf dich gewartet; du warst nicht da.

Beispiel **[Gedankenstrich]:**   Ich habe gewartet - du warst nicht da.

5.3   Der Doppelpunkt

☞ **Sätze können darauf verweisen, dass etwas folgt, und zwar vor dem eigentlichen Satzende.**

<u>Beispiele:</u>	Sport und Mathematik: Das sind meine Lieblings-fächer.

Sport und Mathematik: Das sind meine Lieblings-
fächer.
(zusammenfassender Ausdruck von zuvor Ge-
schriebenes)

Ich habe auf folgende Freunde gewartet: Kevin,
Marcel, und Tobias.
(angekündigte Aufzählungen)

Man sagt: Die beiden würden sich sehr gut verstehen.
(angekündigte, zusammenhängende Satzstücke)

Diagnose: Liebeskummer.
(angekündigtes Ergebnis)

Sie fragte Tobias: "Wann sollen wir uns treffen?"
(wiedergegebene Äußerung als wörtliche Anrede)

5.4 Auslassungszeichen und Auslassungs-punkte

☞ **Das Apostroph zeigt die Auslassung eines oder mehrerer Buchstaben in einem Wort an.**

Beachte: Eigennamen, deren Grundform auf einen s-Laut
endet, bekommen im Genitiv den Apostroph, sofern
sie keinen Artikel oder Possessivpronomen oder
dergleichen bei sich haben.

<u>Beispiele:</u> Carlos´ Schwester, Ines´ Bruder, Felix´ Heft;
<u>aber:</u> die Schwester des Carlos, ...

<u>Beachte:</u>	Eigennamen können durch ein Apostroph abgetrennt werden, wenn die Endsilbe *–sche/er/es* mit einem Apostroph angehängt wird. Die Namen können dann großgeschrieben werden.
<u>Beispiele:</u>	Goethe´sche Romane, Heine´sche Ironie; aber: goethesche Romane, heinesche Ironie
<u>Beachte:</u>	Es gilt die Großschreibung, wenn die Fügung aus Adjektiv und Substantiv als Ganzes ein Eigenname ist und auch sonst großgeschrieben wird.
<u>Beispiele:</u>	die Meyersche oder Meyer´sche Buchhandlung die Schweizerischen Bundesbahnen

☞ **Die Auslassungspunkte zeigen an, dass in einem Wort, Satz oder Text Teile ausgelassen worden sind.**

<u>Beachte:</u>	Die Auslassung wird mit drei Punkten angezeigt. Bei der Auslassung von Buchstaben in einem Wort werden die Punkte direkt an den entsprechenden Buchstaben – also ohne Leerschritt – angehängt.
<u>Beispiele:</u>	Das ist eine absolute Sch...! Du bist ein E...!
<u>Beachte:</u>	Bei der Auslassung von Wörtern, Sätzen oder Textteilen werden die drei Auslassungspunkte wie ein eigenständiges Wort behandelt und es wird entsprechend ein Leerschritt gesetzt.
<u>Beispiele:</u>	Scher dich zum ...! Der ... soll dich holen! Ich habe einen ... Vorschlag! (⇨ z. B. idealen ...)

Anmerkung: Hinsichtlich der Kommaregeln sind mit der neuen Rechtschreibung im Wesentlichen folgende Änderungen eingetreten:

♠※ Zwischen vollständigen bzw. aufgezählten Hauptsätzen muss vor **"und"** bzw. **"oder"** kein Komma mehr stehen. Das Komma bleibt aber erlaubt, wenn dadurch eine bessere Lesbarkeit erzielt wird (Kann-Regel)!

Beispiele: Sie holte mich ab (,) **und** ich freute mich darüber.

Was hälst du von dem Vorschlag (,) **oder** hast du eine andere Idee?

♠※ Zwischen aufgezählte Wörtern und aufgezählten Nebensätzen wird weiterhin vor **"und"** kein Komma gesetzt!

Beispiele: Kevin, Marcel, Tobias **und** ich.

Wir haben heute Mathematik, Deutsch **und** Sport.

Ich hoffe, dass du heute kommst **und** dass wir einen schönen Nachmittag haben werden.

Mal sehen, ob das klappt **und** wir uns verstehen werden.

♠※ In den meisten Fällen muss vor Infinitivsätzen kein Komma mehr stehen. Hinweis: Infinitivsätze sind

Erweiterungen mit **"zu"**! Um aber die Lesbarkeit zu verbessern, sollte man Kommas, die erlaubt sind, auch setzen (Kann-Regel)!

Beispiele:
Tobias hat mich eingeladen (,) nach Düsseldorf **zu** kommen.

Er nahm das Heft (,) ohne mich **zu** fragen.

Ich fuhr rechtzeitig los (,) um pünktlich **zu** sein.

💣 Wird die Infinitivgruppe durch ein hinweisendes Wort angekündigt oder der Infinitiv im Satzgefüge eingeschoben, dann muss das Komma weiterhin gesetzt werden (Muss-Regel)!

Beispiele:
Er sah, statt **zu** helfen, tatenlos zu.

Dafür, eine gute Schulnote **zu** erhalten, lernte er das ganze Wochenende.

💣 Folgt einer direkten Rede ein Redebegleitsatz (Kommentarsatz) oder wird der Redebegleitsatz fortgesetzt, dann muss ein Komma gesetzt werden. Das Komma muss auch dann gesetzt werden, wenn die direkte Rede mit einem Fragezeichen oder Ausrufezeichen endet (Muss-Regel)!

Beispiele:
"Gehen wir gleich ins Tierheim?", fragte Simone.

"Diese Katze nehmen wir!", forderte er Sie auf.

B)   Grammatik

Anmerkung: Zur richtigen Schreibweise wie Groß- und Kleinschreibung werden grundlegende Grammatik-Kenntnisse vorausgesetzt. Die Kenntnis über die Großschreibung substantivierter Verben oder substantivierter Adjektive nutzt wenig, wenn unklar ist, wann diese Verb- oder Adjektiv-Formen vorliegen. Dieses Handbuch gibt wichtige Hilfestellungen, indem die Wortarten erläutert und die jeweiligen Regeln beschrieben werden. Zuvor aus diesem Handbuch Erlerntes lässt sich so einfacher nachvollziehen und " im Kopf" festigen.

Wortlehre/Wortarten

Das Hauptwort (Substantiv/Nomen)

💣 Hauptwörter benennen Lebewesen, Gegenstände, und Ereignisse. Sie bezeichnen Personen und Tiere, Sachen und Begriffe. Hierzu gehören auch solche, die nur in der Vorstellungswelt des Menschen vorhanden sind. Demnach gibt es **Sinnes-** und **gedankliche** Hauptwörter. So lassen sich z. B. Sinnes-Hauptwörter tasten (greifen), sehen, riechen oder schmecken.

Wörter, die auf **-ung, -heit, -keit, -nis, -um, -sal, -schaft** enden, gelten ebenfalls als Hauptwörter und werden daher wie alle Hauptwörter großgeschrieben!

Beispiele zu den "**Sinnes**"-Hauptwörtern:

Auto, Baum, Gas, Mensch, Tier, Pfeffer, Suppe

Beispiele zu den "**gedanklichen**" Hauptwörtern:

Angst, Freude, Leid, Schmerz, Spaß, Traum

Beispiele zu den "**unnatürlichen**" Hauptwörtern:

Gangschaltung, Gelassenheit, Fröhlichkeit,
Zeugnis, Altertum, Schicksal, Erbschaft,
aber auch:
Addition, Reaktion, Mechanik, Technik, usw.

☞ **Substantive werden i. d. R. großgeschrieben.
Sie führen einen Begleiter bei sich oder könnten im
Satz gedanklich einen Begleiter (Geschlechtswort)
bei sich führen.**

Beispiele:

das Auto, der Baum, die Katze
den Weg, dem Spieler
(bestimmte Artikel)

ein Auto, eine Katze, ein Pferd
einen Eimer, einem Gespenst,
(unbestimmte Artikel)
Er holt das Auto. Er nimmt einen Eimer.

Beachte: Wie auf Seite 24 bereits beschrieben, werden Hauptwörter dann kleingeschrieben, wenn sie in eine andere Wortart (Präposition oder Adverb) übergehen (vgl. die auf Seite 24 aufgeführten Beispiele)!

Das Geschlechtswort (Artikel)

♠※ Geschlechtswörter sind die **Begleiter** von Hauptwörtern (vgl. Regel zu den Hauptwörtern). So kann einem Hauptwort entweder *der, die, das, des, den, dem* oder *ein, eine, ein, einer, einen, einem* voraus gehen!

Beispiele: Es war <u>der</u> Baum voller Blätter.
Er hat in <u>einen</u> Eimer getreten.
Er ist <u>einem</u> Gespenst begegnet.
Mein Vater ist <u>ein</u> guter Fahrer.
Wir haben neulich <u>eine</u> Bekannte getroffen.
Sie hat uns <u>den</u> kürzesten Weg gezeigt.
Wir wünschen <u>dem</u> Spieler viel Glück!
Das Auto <u>des</u> Fahrers war stark beschädigt.
Er war <u>des</u> Autofahrens überdrüssig.

Das Tätigkeitswort (Verb)

♠※ Tätigkeitswörter werden auch als **Zeitwörter** bezeichnet und benennen eine Tätigkeit. Sie sagen etwas darüber aus, was jemand tut, getan hat oder tun wird.

Während Tätigkeitswörter **(Vollverben)** die Tätigkeit benennen, geben die Zeitwörter **(Hilfsverben)** an, in welcher Zeit die Tätigkeit geschieht. Zeitwörter sagen also etwas darüber aus, ob jemand gerade etwas tut (Gegenwart), getan hat (Vergangenheit) oder noch tun wird (Zukunft). Daher werden sie als Hilfsverben bezeichnet. Denn sie helfen uns, Tätigkeiten in verschiedene Zeiten zu setzen. Neben den Voll- und Hilfsverben gibt es noch die **Möglichkeitsverben**, die auch als Modalverben bezeichnet werden. Die Grundform von Verben: Endung -en. Die Grundform wird daher als Infinitiv bezeichnet!

Beispiele zu den **Voll**verben:

> essen, geben, lesen, nehmen, rechnen, schreiben

Beispiele zu den **Hilfs**verben:

> haben, sein, werden (ungebeugt)!

Beispiele zu den **Modal**verben:

> dürfen, können, lassen, mögen, müssen, sollen, wollen

☞ **Verben werden i. d. R. kleingeschrieben. Sie können ungebeugt (Grundform/Infinitiv) oder gebeugt (Zeitform/Tempus) sein.**

55

Beispiele [**Grund**form]:

gehen, lauf**en** (Endung **-en** ⇨ ungebeugt)

Beispiele [**Zeit**form]:

Ich gehe, ich laufe, ich schlafe
(Gegenwart/Präsens, jetzt ⇨ gebeugt)

ich ging, ich lief, ich schlief
(Vergangenheit/Präteritum, damals ⇨ gebeugt)

ich bin gegangen, ich bin gelaufen,
ich habe geschlafen
(Vergangenheit/Perfekt, soeben vorbei ⇨ gebeugt)

ich war gegangen, ich war gelaufen,
ich hatte geschlafen
(Vergangenheit/Plusquamperfekt, längst vorbei
⇨ gebeugt)

ich werde gehen, ich werde laufen,
ich werde schlafen
(Zukunft I/Futur I, demnächst ⇨ gebeugt)

ich werde gegangen sein, ich werde gelaufen sein,
ich werde geschlafen haben
(Zukunft II/Future II, wird gewesen sein ⇨ gebeugt)

<u>Beachte:</u>   Verben werden dann großgeschrieben, wenn sie
zu substantivierten Verben werden (Vgl. Seite 26)!

Das Eigenschaftswort (Adjektiv)

☀ Eigenschaftswörter sagen etwas über die Eigen-
schaft von Lebewesen, Gegenständen oder eines Geschehens aus. Sie bezeichnen demnach einen **Zu-
stand** und haben oft die Endungen *-lich, -isch, -ig, -los,
-sam, -voll, -bar, -haft*. Bei Eigenschaftswörtern lässt
sich nach dem "Wie ist jemand oder etwas?" fragen.

<u>Beispiele:</u>   heim<u>lich</u>, prak<u>tisch</u>, läs<u>tig</u>, kraft<u>los</u>, ein<u>sam</u>,
geheimnis<u>voll</u>, wunder<u>bar</u>, schmack<u>haft</u>

rot, gelb, dick, dünn, klug, dumm, schnell, langsam,
neu, alt, hell, dunkel, kalt, warm, schlecht, gut

☞ **Adjektive werden i. d. R. kleingeschrieben. Sie
können gebeugt bzw. gesteigert werden.**

<u>Beispiele [Beugung]:</u>

Es ist gelb. Es ist gelb*lich*.
Er ist fleißig. Er ist noch fleißig*er* geworden.
Sie ist sehr zäh. Sie ist eine zäh*e* Dame.
Es ist hell geworden. Es wird gleich noch hell*er*.
Das Auto ist schnell. Er fährt schnell*stens* weg.

Beispiele [Steigerung]:

so klug wie, vgl. der Kluge
(Grundstufe/Positiv, gleich ⇨ Steigerung I)

klüger als, vgl. der Klügere
(Vergleichsstufe/Komparativ, unterschiedlich
⇨ Steigerung II)

am klügsten, vgl. der Klügste
(Höchststufe/Superlativ, noch unterschiedlicher
⇨ Steigerung III)

Beachte: Adjektive werden dann großgeschrieben,
wenn sie substantiviert werden
(vgl. Seite 27)!

Das Fürwort (Pronomen)

💣 Fürwörter stehen stellvertretend für den Namen einer Person oder für den Namen einer Sache. Demnach können Fürwörter **Stellvertreter** oder **Begleiter** von Hauptwörtern sein. So kann beispielsweise an Stelle von "das Kind" auch "es" (gemeint ist das Kind) als stellvertretendes Fürwort für das Hauptwort Kind stehen. Die Stellvertreter von Hauptwörtern nennt man auch **Personalpronomen** (ich, du mir, mich, es, dir, dich, usw.), die Begleiter bezeichnet man als **Possessivpronomen** (ihre, deine, meine, usw.). Man unterscheidet zwischen dem *persönlichen, hinweisenden* und dem *bezüglichen* Fürwort.

Beispiele zum "**persönlichen**" Fürwort:

> ich, du, Sie, er sie, es, mir, dir, Ihnen, ihm, ihr, mich, dich, ihn, wir, uns, euch
> Personalpronomen ⇨ <u>Es</u> (der Baum) bleibt!

Beispiele zum "**hinweisenden**" Fürwort:

> dieser, diese, dieses, jener, jene, jenes, solcher, solche, solches
> Demonstrativpronomen ⇨ <u>Dieser</u> Baum bleibt!

Beispiele zum "**bezüglichen**" Fürwort:

> welcher, welche, welches
> Relativpronomen ⇨ Der Baum, <u>welcher</u> bleibt!

☞ **Pronomen werden i. d. R. kleingeschrieben. Sie werden nur dann großgeschrieben, wenn sie als "direkte Anrede" (bestimmte Person) verwendet werden.**

Beispiel für **indirekte** Anrede:

> Ich begrüße <u>s</u>ie alle, meine Damen und Herren im Saal, ganz herzlich. Sicherlich ist <u>i</u>hnen nicht entgangen, wie wichtig unser heutiges Treffen für uns alle ist.

Beispiel für **direkte** Anrede:

> Ich begrüße <u>S</u>ie, Frau Pehl, ganz herzlich. Außerdem möchte ich <u>I</u>hnen für <u>I</u>hre langjährige Mitarbeit im Kollegium meinen Dank aussprechen.

Das Verhältniswort (Präposition)

💣☀ Verhältniswörter bezeichnen in Verbindung mit Haupt- oder Fürwörtern irgendein **Verhältnis** und ziehen verschiedene **Fälle** nach sich. Das Verhältnis kann sein z. B. des Ortes, der Zeit, der Art und Weise, des Mittels und des Grundes. Verhältniswörter stehen mit dem _Wes_-Fall, _Wem_-Fall und dem _Wen_-Fall!

Beispiele [**Wes**-Fall]:

> inmitten, laut, mittels, trotz, unweit, während, wegen

Beispiele [**Wem**-Fall]:

> aus, außer, bei, entgegen, gegenüber, mit, nach, nächst, samt, seit, von, zu

Beispiele [**Wen**-Fall]:

> durch, entlang, für, gegen, ohne, um

☞ **Präpositionen werden, wenn sie nicht am Satzanfang stehen, immer kleingeschrieben.**

Beispiele:

> Er war zufrieden, laut Aussage seiner Freundin.
> Laut Aussage seiner Freundin war er zufrieden.
> Er ging fort, ohne sich zu verabschieden.
> Ohne sich zu verabschieden, ging er fort.

Das Bindewort (Konjunktion)

💣 Bindewörter bezeichnen Wortarten, die sowohl Wörter, Satzglieder als auch ganze Sätze miteinander verbinden. Bindewörter werden daher - ebenso wie Verhältnis- und Umstandswörter - als **Fügewörter** (Partikel=Teilchen) bezeichnet.

Beispiele: und, oder, aber, sowie
(Verbindung gleichrangiger Teile)

als, weil, wenn
(Verbindung zur Unterordnung von Satzteilen)

☞ **Konjunktionen werden, wenn sie nicht am Satzanfang stehen, kleingeschrieben.**

Beispiele: Pascal kam und wartete nun auf Sabine.
Pascal kam. Und er wartete nun auf Sabine.
Sabine war noch nicht zu sehen, aber Pascal wartete geduldig.
Aber Pascal wartete geduldig, obwohl Sabine noch nicht zu sehen war.

Pascal wartete geduldig, weil er Sabine bereits vom Schulhof kommen sah.
Weil er Sabine bereits vom Schulhof kommen sah, wartete Pascal geduldig.

Das Umstandswort (Adverb)

💣 Umstandswörter **bezeichnen die Umstände** eines Ereignisses bzw. Geschehens **genauer.** Sie weisen darauf hin, *wann, wie, wo* und *warum* etwas geschieht!

Beispiele: darum, draußen, drüben, gestern, morgen

☞ **Adverbien werden, wenn sie nicht am Satzanfang stehen, kleingeschrieben.**

Beispiele: Ich weiß, morgen wird die Sonne scheinen.
Morgen wird die Sonne scheinen. Das weiß ich.
Ich warte draußen vor der Tür.
Draußen vor der Tür werde ich auf Sie warten.

Das Ausrufe-/Empfindungswort (Interjektion)

💣 Ausrufe- bzw. Empfindungswörter bezeichnen Wörter, mit denen **Empfindungen** zum Ausdruck gebracht werden sollen. Sie sind oftmals durch einen Kurzsatz gekennzeichnet!

Beispiele: Aha!, Aua!, Pfui!, Super!, Toll!, Wahnsinn!,

Aha! Ich denke, ich habe verstanden.
(Großschreibung von Interjektionen als Kurzsatz)

Das Zahlwort (Numerale)

🌑 Zahlwörter bezeichnen **Zahlen,** die als Hauptwörter (Nomen), Eigenschaftswörter (Adjektive) und als Umstandswörter (Adverbien) vorkommen können. Sie geben *Grund*zahlen, *Ordnungs*zahlen und *unbestimmte* Zahlen an!

Beispiele zu den **Grund**zahlen:

eins, zwei, drei, vier, fünf ...

Beispiele zu den **Ordnungs**zahlen:

der Erste, der Zweite, der Dritte ...

Beispiele zu den **unbestimmten** Zahlen:

einige, mehrere, viele, wenige,

☞ **Zahlwörter werden i. d. R. kleingeschrieben. Sie werden großgeschrieben, wenn sie als Hauptwörter stehen. Zahlwörter können teilweise gebeugt oder gesteigert werden.**

Beispiele: Er war der <u>Erste</u>, der sich meldete. Es waren <u>einige</u> Schüler, die sich meldeten. Es waren <u>wenige</u> Schüler, die sich meldeten. Es waren die <u>wenigsten</u> Schüler, die sich meldeten.

Formenlehre / Beugung von Wortarten

Formenlehre bei Hauptwörtern (Nomen)

Genus (Grammatisches Geschlecht)

Maskulinum	der Mann, der Apfel, der Baum
Femininum	die Frau, die Blume, die Katze
Neutrum	das Kind, das Auto, das Buch

Numerus (Zahl)

Singular	der Mann, die Frau, das Kind
Plural	die Männer, die Frauen, die Kinder

Kasus (Fall)

Nominativ	1. Fall	Wer oder was?
Genitiv	2. Fall	Wessen?
Dativ	3. Fall	Wem?, Woher?, Wo?
Akkusativ	4. Fall	Wen oder was?, wohin?

Beugung von Hauptwörtern

(Beugung von Nomen in verschiedene Fälle = Deklination)

Das Nomen steht im **Nominativ**, wenn es auf die Frage "Wer oder was?" als Antwort folgt.

Beispiel: Das Mädchen schreibt einen Brief. Frage: Wer oder was schreibt einen Brief?
Antwort: Das Mädchen. > Mädchen also im Nominativ!

Das Nomen steht im **Genitiv**, wenn es auf die Frage "Wessen?" als Antwort folgt.

Beispiel: Das Auto des Werkstattleiters ist kaputt. Frage: Wessen Auto ist kaputt?
Antwort: ...des Werkstattleiters > Werkstattleiter also im Genitiv!

Das Nomen steht im **Dativ**, wenn es auf die Frage "Wem...?/Woher...?Wo...?" als Antwort folgt.

Beispiel: Ich gebe dem Kind das Taschentuch. Frage: Wem gebe ich das Taschentuch?
Antwort: Dem Kind. > Kind also im Dativ!

Das Nomen steht im **Akkusativ**, wenn es auf die Frage "Wen oder was...?/Wohin...? als Antwort folgt.

Beispiel: Der Schüler schreibt ein Referat. Frage: Wen oder was schreibt der Schüler?
Antwort: Ein Referat > Referat also im Akkusativ!

Deklination von Nomen mit bestimmten Artikeln

Erinnerst du dich? Die Deklination beinhaltet die Beugung in verschiedene Fälle!

Einzahl (Singular):

Kasus		Maskulinum	Femininum	Neutrum
Nominativ	(1. Fall)	der Mann	die Frau	das Kind
Genitiv	(2. Fall)	des Mannes	der Frau	des Kindes
Dativ	(3. Fall)	dem Mann(e)	der Frau	dem Kind(e)
Akkusativ	(4. Fall)	den Mann	die Frau	das Kind

Mehrzahl (Plural):

Kasus	Maskulinum	Femininum	Neutrum
Nominativ (1. Fall)	die Männer	die Frauen	die Kinder
Genitiv (2. Fall)	der Männer	der Frauen	der Kinder
Dativ (3. Fall)	den Männern	den Frauen	den Kindern
Akkusativ (4. Fall)	die Männer	die Frauen	die Kinder

Deklination von Nomen mit unbestimmten Artikeln

Einzahl (Singular):

Kasus	Maskulinum	Femininum	Neutrum
Nominativ (1. Fall)	ein Mann	eine Frau	ein Kind
Genitiv (2. Fall)	eines Mannes	einer Frau	eines Kindes
Dativ (3. Fall)	einem Mann(e)	einer Frau	einem Kind(e)
Akkusativ (4. Fall)	einen Mann	eine Frau	einem Kind

Beachte: Bei unbestimmten Artikeln entfällt das Plural! Die Hauptwörter stehen dann bei unbestimmter Anzahl/Menge ohne Artikel.

Beispiel: Tobias schreibt einen Brief > Tobias schreibt Briefe.

Beugung von Geschlechtswörtern

1. Beugung des <u>bestimmten</u> Artikels in verschiedene Fälle (Deklination)

Einzahl (Singular):

Kasus		Maskulinum	Femininum	Neutrum
Nominativ	(1. Fall)	der Mann	die Frau	das Kind
Genitiv	(2. Fall)	des Mannes	der Frau	des Kindes
Dativ	(3. Fall)	dem Mann(e)	der Frau	dem Kind(e)
Akkusativ	(4. Fall)	den Mann	die Frau	das Kind

Mehrzahl (Plural):

Kasus		Maskulinum	Femininum	Neutrum
Nominativ	(1. Fall)	die Männer	die Frauen	die Kinder
Genitiv	(2. Fall)	der Männer	der Frauen	der Kinder
Dativ	(3. Fall)	den Männern	den Frauen	den Kindern
Akkusativ	(4. Fall)	die Männer	die Frauen	die Kinder

Kasus = Fall, in dem ein deklinierbares Wort stehen kann.

<u>Beachte:</u> Die Pluralformen der Artikel sind bei allen drei Geschlechtern gleich! Welcher Kasus jeweils benutzt werden muss, lässt sich wie folgt herausfinden:

Nominativ
<u>Beispiel:</u>
Man fragt: **"Wer oder was...".**
Wer oder was wird heute gelichtet?
Der Baum wird heute gelichtet.

Genitiv
<u>Beispiel:</u>
Man fragt: **"Wessen...".**
Wessen Äste werden heute geschnitten?
Die Äste **des** Baumes werden heute geschnitten.

Dativ	Man fragt: **"Wem..."**, **"woher..."** oder **"wo..."**.
Beispiel 1:	Wem gebe ich ein Lernbuch?
	Ich gebe **dem** Schüler ein Lernbuch
Beispiel 2:	Woher kommst du?
	Ich komme soeben aus **der** Schule (...**dem** Garten).
Akkusativ	Man fragt: **"Wen oder was..."** oder **"wohin..."**.
Beispiel 1:	Wen oder was hast du heute gesehen?
	Ich habe heute **den** Schüler Tobias gesehen.
Beispiel 2:	Wohin gehst du?
	Ich gehe in **die** Schule (...**den** Garten, **das** Haus).

Weitere Beispiele:

Nominativ: **Der** Schüler hat gut aufgepasst. **Die** Mutter wartet bereits auf Simone. **Das** Auto muss heute in die Werkstatt.

Genitiv: Das Getriebe **des** Autos muss repariert werden. Marcel hörte die Stimme **der** Mutter. Er öffnete die Schultasche **des** Schülers.

Dativ: Ich vertraue **dem** Schüler. Das Schulbuch gehört **der** Schule. Die Mutter gibt **dem** Kind ein Heft.

Akkusativ: Ich treffe heute **den** Schüler Tobias. Manche Schüler verfluchen **die** Schule. Ich lese interessiert **das** Lernbuch.

2. Beugung des un<u>bestimmten</u> Artikels in verschiedene Fälle (Deklination)

Denke bitte stets daran: Die Deklination beinhaltet die Beugung in verschiedene Fälle!

Einzahl (Singular):

Kasus		Maskulinum	Femininum	Neutrum
Nominativ	(1. Fall)	ein Mann	eine Frau	ein Kind
Genitiv	(2. Fall)	eines Mannes	einer Frau	eines Kindes
Dativ	(3. Fall)	einem Mann(e)	einer Frau	einem Kind(e)
Akkusativ	(4. Fall)	einen Mann	eine Frau	ein Kind

Beachte: Bei unbestimmten Artikeln entfällt das Plural! Die Nomen stehen dann bei unbestimmter Anzahl/Menge ohne Artikel.

Beispiel: Tobias schreibt einen Brief. Tobias schreibt Briefe.

Beachte: Welcher Kasus jeweils benutzt werden muss, lässt sich wie folgt herausfinden:

Nominativ Man fragt: **"Wer oder was...".**
Beispiel: Wer oder was wird heute gelichtet?
Ein Baum wird heute gelichtet.

Genitiv Man fragt: **"Wessen...".**
Beispiel: Wessen Äste werden heute geschnitten?
Die Äste **eines** Baumes werden heute geschnitten.

Dativ Man fragt: **"Wem...", "woher..." oder "wo...".**
Beispiel 1: Wem gebe ich ein Lernbuch?
Ich gebe **einem** Schüler mein Lernbuch
Beispiel 2: Woher kommst du?
Ich komme soeben aus **einer** Schule (**einem** Haus).

Akkusativ	Man fragt: **"Wen oder was..." oder "wohin..."**.
Beispiel 1:	Wen oder was hast du heute gesehen?
	Ich habe heute **einen** Schüler gesehen.
Beispiel 2:	Wohin gehst du?
	Ich gehe in **eine** Schule (...**einen** Garten).

Weitere Beispiele:

Nominativ:	**Ein** Schüler hat gut aufgepasst. **Eine** Glühlampe muss gewechselt werden. **Ein** Auto ist soeben abgeschleppt worden.
Genitiv:	Das Getriebe **eines** Autos muss repariert werden. Marcel hörte die Stimme **einer** Frau. Er öffnete die Schultasche **eines** Schülers.
Dativ:	Ich vertraue **einem** Schüler. Das Schulbuch gehört **einer** Schule. Die Frau gibt **einem** Kind das Taschentuch.
Akkusativ:	Ich treffe heute **einen** Schüler. Viele Schüler möchten **eine** Zusatzaufgabe. Ich lese interessiert **ein** Lernbuch.

Formenlehre bei Tätigkeitswörtern (Verben)

Form

| 1. Aktiv (Tätigkeitsform) | ich liebe, ich lerne, ich schreibe |
| 2. Passiv (Leideform) | ich werde geliebt, ich werde gewaschen |

Nominalformen

1. Infinitiv   lieben, lernen, schreiben (Endung: -en)
(Grundform)

2. Partizip Präsens   liebend, lernend, schreibend (Endung: -end)
(Mittelwort der Gegenwart)

3. Partizip Perfekt   geliebt, gelernt, geschrieben
(Mittelwort der Vergangenheit)

Tempus (Zeit)

1. Präsens   ich liebe, ich lerne, ich schreibe
(Gegenwart)

2. Präteritum   ich liebte, ich lernte, ich schrieb
(erzählende Vergangenheit)

3. Perfekt   ich habe geliebt, ich habe gelernt, ich habe
(Vergangenheit)   geschrieben

4. Plusquamperfekt   ich hatte geliebt, ich hatte gelernt, ich hatte
(vollendete Vergangenheit) geschrieben

5. Futurum I   ich werde lieben, ich werde lernen, ich werde
(einfache Zukunft)   schreiben

6. Futurum II   ich werde geliebt haben, ich werde gelernt
(vollendete Zukunft)   haben, ich werde geschrieben haben

Modus (Aussageweise)

1. Indikativ   ich gebe, ich singe, ich schreibe
(Wirklichkeitsform)

2. Konjunktiv   ich gäbe, ich sänge, ich schriebe
(Möglichkeitsform)

Stammformen (bestimmen die Art der Konjugation)

Beachte: Meistens sind die drei Formen: Infinitiv, Präteritum, Partizip Perfekt gegeben!

Beispiel [schwache Verben]   lieben, liebte, geliebt:

Beispiel [starke Verben]   lesen, las, gelesen

* Bei den "schwachen" Verben bleibt der Stammvokal (auch: ie, ei, au) in allen drei formen gleich!
* Bei den "starken" Verben bleibt der Stammvokal nicht in allen drei Formen gleich!

Beugung von Tätigkeitswörtern

Konjugation von Hilfsverben

Beachte: Die Konjugation beinhaltet die Bildung verschiedener Verbformen!

Konjugation des Hilfsverbs "haben"
(haben, hatte, gehabt):

*Person	Präsens	Präteritum
Ich	habe	hatte
Du	hast	hattest
Er / Sie / Es	hat	hatte
Wir	haben	hatten
Ihr	habt	hattet
Sie	haben	hatten

*Person	Perfekt	Plusquamperfekt
Ich	habe gehabt	hatte gehabt
Du	hast gehabt	hattest gehabt
Er / Sie / Es	hat gehabt	hatte gehabt
Wir	haben gehabt	hatten gehabt
Ihr	habt gehabt	hattet gehabt
Sie	haben gehabt	hatten gehabt

*Person	Futur I	Futur II
Ich	werde haben	werde gehabt haben
Du	wirst haben	wirst gehabt haben
Er / Sie / Es	wird haben	wird gehabt haben
Wir	werden haben	werden gehabt haben
Ihr	werdet haben	werdet gehabt haben
Sie	werden haben	werden gehabt haben

Die Formen des **Präsens** werden durch den Wortstamm **"hab"** gebildet! Ausnahme: 2. und 3. Person Singular und Personalendung.

Die Formen des **Präteritums** werden durch den Wortstamm **"hat"** gebildet!

Die Formen des **Perfekts** und des **Plusquamperfekts** werden durch die Formen **"haben"** und Partizip Perfekt vom Hilfsverb **"haben"** (= "gehabt") gebildet!

Die Formen des **Futur I** werden durch die Formen **"werden"** und Infinitiv vom Hilfsverb **"haben"** gebildet!

Die Formen des **Futur II** werden durch die Formen **"werden"** und Partizip Perfekt vom Hilfsverb **"haben"** und vom Infinitiv vom Hilfsverb **"haben"** gebildet!

Konjugation des Hilfsverbs "sein"
(sein, war, gewesen):

*Person	Präsens	Präteritum
Ich	bin	war
Du	bist	warst
Er / Sie / Es	ist	war
Wir	sind	waren
Ihr	seid	wart
Sie	sind	waren

*Person	Perfekt	Plusquamperfekt
Ich	bin gewesen	war gewesen
Du	bist gewesen	warst gewesen
Er / Sie / Es	ist gewesen	war gewesen
Wir	sind gewesen	waren gewesen
Ihr	seid gewesen	wart gewesen
Sie	sind gewesen	waren gewesen

*Person	Futur I	Futur II
Ich	werde sein	werde gewesen sein
Du	wirst sein	wirst gewesen sein
Er / Sie / Es	wird sein	wird gewesen sein
Wir	werden sein	werden gewesen sein
Ihr	werdet sein	werdet gewesen sein
Sie	werden sein	werden gewesen sein

Konjugation des Hilfsverbs "werden"
(werden, wurde, geworden):

*Person	Präsens	Präteritum
Ich	werde	wurde
Du	wirst	wurdest
Er / Sie / Es	wird	wurde
Wir	werden	wurden
Ihr	werdet	wurdet
Sie	werden	wurden

*Person	Perfekt	Plusquamperfekt
Ich	bin geworden	war geworden
Du	bist geworden	warst geworden
Er / Sie / Es	ist geworden	war geworden
Wir	sind geworden	waren geworden
Ihr	seid geworden	wart geworden
Sie	sind geworden	waren geworden

*Person	Futur I	Futur II
Ich	werde werden	werde geworden sein
Du	wirst werden	wirst geworden sein
Er / Sie / Es	wird werden	wird geworden sein
Wir	werden werden	werden geworden sein
Ihr	werdet werden	werdet geworden sein
Sie	werden werden	werden geworden sein

Konjugation von "schwachen" Verben

Beachte: Bei den "schwachen" Verben bleibt der Stammvokal (auch: ie, ei, au) in allen drei Formen gleich!

Beispiel: Wortstamm –lieb > lieben, liebte, geliebt

*Person	Präsens	Präteritum
Ich	liebe	liebte
Du	liebst	liebtest
Er / Sie / Es	liebt	liebte
Wir	lieben	liebten
Ihr	liebt	liebtet
Sie	lieben	liebten

*Person	Perfekt	Plusquamperfekt
Ich	habe geliebt	hatte geliebt
Du	hast geliebt	hattest geliebt
Er / Sie / Es	hat geliebt	hatte geliebt
Wir	haben geliebt	hatten geliebt
Ihr	habt geliebt	hattet geliebt
Sie	haben geliebt	hatten geliebt

*Person	Futur I	Futur II
Ich	werde lieben	werde geliebt haben
Du	wirst lieben	wirst geliebt haben
Er / Sie / Es	wird lieben	wird geliebt haben
Wir	werden lieben	werden geliebt haben
Ihr	werdet lieben	werdet geliebt haben
Sie	werden lieben	werden geliebt haben

Die Formen des **Präsens** und des **Präteritums** werden durch den Wortstamm und durch die Personalendung gebildet!

Die Formen des **Perfekts** und des **Plusquamperfekts** werden durch die Formen **"haben"** und Partizip Perfekt gebildet!

Die Formen des **Futur I** werden durch die Formen **"werden"** und Infinitiv gebildet!

Die Formen des **Futur II** werden durch die Formen **"werden"** und Partizip Perfekt sowie durch die Formen des Hilfsverbs **"haben"** gebildet!

In gleicher Weise werden zum Beispiel gebildet:

hoffen, hoffte, gehofft; lachen, lachte, gelacht; weinen, weinte, geweint; sagen, sagte, gesagt

Konjugation von "starken" Verben

Beachte: Bei den "starken" Verben bleibt der Stammvokal nicht in allen drei Formen gleich!

Beispiel: Wortstamm -schreib- / -schrieb-

*Person	Präsens	Präteritum
Ich	schreibe	schrieb
Du	schreibst	schriebst
Er / Sie / Es	schreibt	schrieb
Wir	schreiben	schrieben
Ihr	schreibt	schriebt
Sie	schreiben	schrieben

*Person	Perfekt	Plusquamperfekt
Ich	habe geschrieben	hatte geschrieben
Du	hast geschrieben	hattest geschrieben
Er / Sie / Es	hat geschrieben	hatte geschrieben
Wir	haben geschrieben	hatten geschrieben
Ihr	habt geschrieben	hattet geschrieben
Sie	haben geschrieben	hatten geschrieben

*Person	Futur I	Futur II
Ich	werde schreiben	werde geschrieben haben
Du	wirst schreiben	wirst geschrieben haben
Er / Sie / Es	wird schreiben	wird geschrieben haben
Wir	werden schreiben	werden geschrieben haben
Ihr	werdet schreiben	werdet geschrieben haben
Sie	werden schreiben	werden geschrieben haben

Die Formen des **Präsens** und des **Plusquamperfekts** werden durch den Wortstamm und durch die Personalendung gebildet!

Die Formen des **Perfekts** und des **Plusquamperfekts** werden durch die Formen des Hilfsverbs **"haben"** und **"ge"** sowie den Wortstamm und **"en"** (=Partizip Perfekt) gebildet!

Die Formen des **Futur I** werden durch die Formen **"werden"** und Infinitiv gebildet!

Die Formen des **Futur II** werden durch die Formen **"werden"** und Partizip Perfekt sowie durch Infinitiv des Hilfsverbs **"haben"** gebildet!

In gleicher Weise werden zum Beispiel gebildet:

fliegen, flog, geflogen; gären, gor, gegoren; reiten, ritt, geritten; saufen, soff, gesoffen

Aktiv – Passiv

Aktiv – Tätigkeitsform bei Verben

Beispiel: Simone streichelt die Katze des Nachbarn.

Hier ist Simone das Subjekt. Sie ist selbst aktiv, übt also eine Tätigkeit aus.

Beachte: Sprachlich wird die Aktivität von Simone durch die Tätigkeitsform – das Aktiv – zum Ausdruck gebracht!

Beispiele in Kurzform ("schwaches" Verb):

Ich liebe (Präsens), ich liebte (Präteritum); Ich habe geliebt (Perfekt); Ich hatte geliebt (Plusquamperfekt); Ich werde lieben (Futur I); Ich werde geliebt haben (Futur II).

Beispiele in Kurzform ("starkes" Verb):

Ich wasche (Präsens); Ich wusch (Präteritum); Ich habe gewaschen (Perfekt); Ich hatte gewaschen (Plusquamperfekt); Ich werde waschen (Futur I); Ich werde gewaschen haben (Futur II).

Passiv – Leideform bei Verben

Beispiel: Die Katze des Nachbarn wird von Simone gestreichelt.

Hier ist die Katze das Subjekt. Sie ist nicht selbst aktiv, sondern es wird etwas mit ihr gemacht. Die Katze "erleidet" also etwas.

Beachte: Sprachlich wird die Passivität der Katze durch die Leideform – das Passiv – zum Ausdruck gebracht!

Beispiele in Kurzform ("schwaches" Verb):

Ich werde geliebt (Präsens); Ich wurde geliebt (Präteritum); Ich bin geliebt worden (Perfekt); Ich war geliebt worden (Plusquamperfekt); Ich werde geliebt werden (Futur I); Ich werde geliebt worden sein (Futur II).

Beispiel in Kurzform ("starkes" Verb):

Ich werde gewaschen (Präsens); Ich wurde gewaschen (Präteritum); Ich bin gewaschen worden (Perfekt); Ich war gewaschen worden ((Plusquamperfekt); Ich werde gewaschen werden (Futur I); Ich werde gewaschen worden sein (Futur II).

Indikativ – Konjunktiv

Indikativ – Wirklichkeitsform

Beispiel: Marcel <u>hat</u> gestern Nachmittag <u>gelernt</u>.
                             (hat gelernt)

Marcel hat tatsächlich gestern Nachmittag gelernt!

Beachte: Sprachlich wird diese Tatsache durch die
                             Wirklichkeitsform – den Indikativ – zum
                             Ausdruck gebracht!

Konjunktiv – Möglichkeitsform

Beispiel: Tobias behauptet, er <u>habe</u> ebenfalls ges-
                             tern Nachmittag <u>gelernt</u>.
                             (habe gelernt)

Ob nun Tobias tatsächlich gestern Nachmittag gelernt hat, weiß
niemand so genau. Jedoch wäre es immerhin möglich!

Beachte: Sprachlich wird diese bestehende Möglich-
                             keit durch die Möglichkeitsform – den Kon-
                             junktiv – zum Ausdruck gebracht!

Hinweis: Beim Konjunktiv wird zwischen zwei Formen unterschieden,
              und zwar zwischen den Konjunktiv I und den Konjunktiv II.

Beispiel 1:   Pascal behauptet, er <u>habe</u> gestern <u>gelernt</u>.   > Konjunktiv I

Beispiel 2:   Sabine behauptet, sie <u>hätte</u> gestern <u>gelernt</u>.   > Konjunktiv II

Im ersten Beispiel wird die Aussage <u>ganz neutral</u> weiter gegeben. Pascals Behauptung kann stimmen oder auch nicht.

Beachte: Sprachlich wird diese neutrale Haltung durch den Konjunktiv I zum Ausdruck gebracht!

Im zweiten Beispiel hat Sabine selbst <u>erhebliche Zweifel</u> am Wahrheitsgehalt ihrer Aussage. Sie verdeutlicht hier auch sprachlich ihre eigene Ungewissheit.

Beachte: Sprachlich wird der erhebliche Zweifel am Wahrheitsgehalt durch den Konjunktiv II zum Ausdruck gebracht!

Präsens:

*Person	Indikativ	Konjunktiv I	Konjunktiv II
Ich	komme	komme	käme
Du	kommst	kommest	kämest
Er / Sie / Es	kommt	komme	käme
Wir	kommen	kommen	kämen
Ihr	kommt	kommet	kämet
Sie	kommen	kommen	kämen

Perfekt:

*Person	Indikativ	Konjunktiv I	Konjunktiv II
Ich	bin gekommen	sei gekommen	wäre gekommen
Du	bist gekommen	seiest gekommen	wärest gekommen
Er / Sie / Es	ist gekommen	sei gekommen	wäre gekommen

Wir	sind gekommen	seien gekommen	wären gekommen
Ihr	seid gekommen	seid gekommen	wäret gekommen
Sie	sind gekommen	seien gekommen	wären gekommen

Futur:

*Person	Indikativ	Konjunktiv I	Konjunktiv II
Ich	werde kommen	werde kommen	würde kommen
Du	wirst kommen	werdest kommen	würdest kommen
Er / Sie / Es	wird kommen	werde kommen	würde kommen
Wir	werden kommen	werden kommen	würden kommen
Ihr	werdet kommen	werdet kommen	würdet kommen
Sie	werden kommen	werden kommen	würden kommen

Beachte:

In einigen Fällen stimmen die Formen des Indikativs und des Konjunktivs I überein. So beispielsweise 1. Person Singular, Präsens und Futur; 1. Person Plural, Präsens und Futur. Damit die Formen des Konjunktivs I dennoch unmissverständlich zum Ausdruck gebracht werden können, ist es erlaubt, in diesen Fällen auf die entsprechenden Formen des Konjunktivs II als Ersatzform auszuweichen.

Beugung von Eigenschaftswörtern

(= Deklination von Adjektiven in verschiedene Fälle)

Einzahl (Singular) mit bestimmten Artikeln:

Kasus		Maskulinum	Femininum	Neutrum
Nominativ	(1. Fall)	der alte Mann	die junge Frau	das kleine Kind
Genitiv	(2. Fall)	des alten Mannes	der jungen Frau	des kleinen Kindes
Dativ	(3. Fall)	dem alten Mann(e)	der jungen Frau	dem kleinen Kind(e)
Akkusativ	(4. Fall)	den alten Mann	die junge Frau	das kleine Kind

Mehrzahl (Plural) mit bestimmten Artikeln:

Kasus		Maskulinum	Femininum	Neutrum
Nominativ	(1. Fall)	die alten Männer	die jungen Frauen	die kleinen Kinder
Genitiv	(2. Fall)	der alten Männer	der jungen Frauen	der kleinen Kinder
Dativ	(3. Fall)	den alten Männern	den jungen Frauen	den kleinen Kindern
Akkusativ	(4. Fall)	die alten Männer	die jungen Frauen	die kleinen Kinder

Beachte: Die Pluralformen der Adjektive (hier: alten/jungen/kleinen) sind bei allen drei Geschlechtern gleich!

Einzahl (Singular) mit unbestimmten Artikeln:

Kasus		Maskulinum	Femininum	Neutrum
Nominativ	(1. Fall)	ein alter Mann	eine junge Frau	ein kleines Kind
Genitiv	(2. Fall)	eines alten Mannes	einer jungen Frau	eines kleinen Kindes
Dativ	(3. Fall)	einem alten Mann(e)	einer jungen Frau	einem kleinem Kind(e)
Akkusativ	(4. Fall)	einen alten Mann	eine junge Frau	ein kleines Kind

Beachte: Bei unbestimmten Artikeln entfällt das Plural! Die Hauptwörter (Nomen) stehen dann bei unbestimmter Anzahl ohne Artikel.

Beispiele: Ich schreibe einen Liebesbrief. Ich schreibe Liebesbriefe; Meine Katze spielt mit einer Kastanie. Meine Katze spielt mit Kastanien.

Einzahl (Singular) mit bestimmtem Artikel und zwei Adjektiven:

Kasus		Maskulinum	Femininum	Neutrum
Nominativ	(1. Fall)	der gelassene alte Mann	die schöne junge Frau	das liebe kleine Kind
Genitiv	(2. Fall)	des gelassenen alten Mannes	der schönen jungen Frau	des lieben kleinen Kindes
Dativ	(3. Fall)	dem gelassenen alten Mann(e)	der schönen jungen Frau	dem lieben kleinen Kind(e)
Akkusativ	(4. Fall)	den gelassenen alten Mann	die schöne junge Frau	das liebe kleine Kind

Mehrzahl (Plural) mit bestimmtem Artikel und zwei Adjektiven:

Kasus		Maskulinum	Femininum	Neutrum
Nominativ	(1. Fall)	die gelassenen alten Männer	die schönen jungen Frauen	die lieben kleinen Kinder
Genitiv	(2. Fall)	der gelassenen alten Männer	der schönen jungen Frauen	der lieben kleinen Kinder
Dativ	(3. Fall)	den gelassenen alten Männern	den schönen jungen Frauen	den lieben kleinen Kindern
Akkusativ	(4. Fall)	die gelassenen alten Männer	die schönen jungen Frauen	die lieben kleinen Kinder

Beachte: Wenn zwei oder mehrere Eigenschaftswörter (Adjektive) vor einem Hauptwort (Nomen) stehen, dann werden sie auf die gleiche Weise in verschiedene Fälle gebeugt (dekliniert). Dies gilt ebenso bei unbestimmten Artikeln.

Satzlehre

Satzlehre (Syntax = Lehre vom Satzbau)

Satzlehre/Satzbau, Allgemeines

Der Satz bildet die kleinste zusammengehörige Redeeinheit. Er besteht in der Regel aus mehreren Satzbausteinen. Jedoch ergibt sich eine sinnvolle Aussage erst dann, wenn die verschiedenen Satzbausteine sprachlich und logisch einwandfrei aufeinander bezogen sind. Es gibt drei Stammarten von Sätzen, und zwar Aussagesätze, Fragesätze und Aufforderungs- bzw. Befehlssätze. Als Sonderfall kommt jedoch der Ausrufsatz hinzu.

Beachte: Ein vollständiger Satz besteht aus mindestens zwei Satzbausteinen, und zwar aus Satzgegenstand (Subjekt) und Satzaussage (Prädikat).

Beispiel [Aussagesatz]:	Subjekt	Prädikat
	Marcel	lernt.

Beispiel [Fragesatz]:	Lernt	Marcel?

Beispiel [Befehlssatz]:	Lerne,	Marcel!

Beispiel [Ausrufsatz]: Wenn Marcel nun endlich kommen würde!

Meistens reichen Subjekt und Prädikat zur Bildung sinnvoller Sätze nicht aus, weil ohne das Hinzufügen weiterer Satzbausteine wesentliche Informationen noch fehlen würden.

Beispiel: Marcel lernte...

Was aber lernte Marcel? Hier fehlt die ergänzende Information!
Die noch fehlende Information liefert die Satzergänzung (Objekt).

Beispiel: Subjekt   Prädikat   Objekt
                 Marcel   lernte   Mathematik.

Nun lassen sich Sätze durch zusätzliche Informationen weiter vervollständigen.

Beispiel: Marcel lernte mit seinen Schulfreunden Mathematik.

Sinnvolle Satzergänzungen können noch weitaus genauere Informationen zum Ausdruck bringen. So können zum Beispiel zusätzliche Informationen zum Zeitpunkt des Lernens und/oder zum Ort des Lernens zum Ausdruck gebracht werden.

Beispiel 1:   Marcel lernte gestern Nachmittag mit seinen Schulfreunden im Düsseldorfer Stadtpark Mathematik.

Beispiel 2:   Marcel lernte gestern Nachmittag um drei Uhr mit seinen Schulfreunden Tobias und Thomas im sehr schönen Düsseldorfer Stadtpark Mathematik.

Sätze können also aus weitreichenden Informationen zusammengesetzt sein. Nachfolgend werden wir uns daher etwas ausführlicher hiermit befassen.

Der Satzgegenstand (Subjekt)

Satzbaustein	Frage	Beispiel
Subjekt	Wer oder was...?	**Marcel** lernt.

Die Satzaussage (Prädikat)

Satzbaustein	Frage	Beispiel
Prädikat	Was tut...?/ Was erleidet...?	Marcel **lernt**.
	(Aussage über das Subjekt)	Marcel wird **gelobt**.

Die Satzergänzung Objekt)

Satzbaustein	Frage	Beispiel
Objekt		
1. **Akkusativ**-Objekt	Wen oder was...?	Der Lehrer lobt **den Schüler**.
2. **Dativ**-Objekt	Wem...?	Er gibt **seinem Freund** ein Buch.
3. **Genitiv**-Objekt	Wessen...?	Wir erinnern uns **alter Zeiten**.

Die Umstandsbestimmung

der Zeit	Wann...?/Wie lange...?	**Gestern Nachmittag** haben wir gelernt. Ich warte **bereits seit einer Stunde** auf dich.
des Ortes	Wo...?/Wohin...?/Woher...?	Gestern Nachmittag waren wir **im Düsseldorfer Stadtpark.** Wir fahren heute **nach Essen**. Wir kommen **aus der Schule**.
des Mittels	Womit...?/Wodurch...?	Er lernt **mit dem Mathe-Buch**. Er wirkt **durch sein Lächeln** Sympathisch.

der Art und Weise	Wie...?/Auf welche Weise...?	Er arbeitet **wie ein Ochse**. Er lernt **fröhlich singend**.
des Zweckes und der Absicht	Wozu...?	Er lernt, **um gute Noten zu schreiben**. Sein Freund kam **zu Hilfe**.

Die Einfügung (Apposition)

Apposition	Helgoland, **eine deutsche Insel**, liegt in der Nordsee.

Die Beifügung (Attribut)

1. **Adjektiv**-Attribut	Sabine schreibt einen **langen** Liebesbrief an Tobias.
2. **Partizipial**- Attribut	Simone ist derzeit ein **lernendes** Mädchen.
3. **Genitiv**-Attribut	Die erhaltenen Fachwerkhäuser **der Ortschaft**. Es ist das Schulheft **meines Freundes**. Dies ist das Auto **des Vaters seiner Freundin**. (doppelter Genitiv)

Nebensätze

Nebensätze können Hauptsätzen als Satzglied beigefügt sein. Nebensätze unterscheiden sich je nach ihrer Funktion oder nach ihren Einleitungswörtern durch Konjunktionalsätze, Relativsätze, Attribut- und Gliedsätze und uneingeleitete Nebensätze.

Als **Konjunktionalsätze** werden Nebensätze bezeichnet, die durch ein unterordnendes Bindewort eingeleitet werden. Als **Relativsätze** werden Nebensätze bezeichnet, die mit bezüglichen Fürwörtern oder Relativadverb eingeleitet werden. **Attributsätze** enthalten eine Beifügung zum Zwecke der näheren Bestimmung, während **Gliedsätze** Nebensätze in der Funktion eines Satzgliedes näher bezeichnen.

Nebensätze können nicht alleine stehen! Sie werden meistens durch ein bezügliches Fürwort (Relativpronomen) oder Relativadverb bzw. durch ein Bindewort (Konjunktion) eingeleitet.

Konjunktionalsätze

1. Temporalsatz (Zeitsatz)

Dieser Satztyp wird meistens durch folgende Bindewörter (Konjunktionen) eingeleitet::
als, während, seit, seitdem, solange, sobald.

Beispiele:

Als ich das Klassenzimmer betrat, waren die Schüler schon da.

Während Marcel, Tobias und Dennis lernten, ist Thomas zum Fußballspiel gegangen. **Seit** Beginn des Unterrichts, hörten die Schüler dem Lehrer konzentriert zu. **Sobald** es zur Pause schellte, drängte es die Schüler zum Relaxen auf dem Schulhof.

2. Konditionalsatz (Bedingungssatz)

Dieser Satztyp wird meistens durch die Wörter **wenn** und **falls** eingeleitet.

Beispiele:

Wenn ich mal groß bin, dann werde ich Tierarzt. **Falls** ich das Abitur schaffe, bezahlen mir meine Eltern den Führerschein.

3. Kausalsatz (Begründungssatz)

Dieser Satztyp wird durch die Wörter **weil**, **da**, und **denn** eingeleitet.

Beispiele:

Weil Tobias den Bus verpasste, kam er zu spät zur Schule. **Da** Tobias zu spät zum Unterricht kam, musste er hierfür eine Begründung abgeben. Simone hat eine gute Klassenarbeit geschrieben, **denn** sie war gut vorbereitet.

4. Konzessivsatz (Einräumungssatz)

Dieser Satztyp wird durch die Wörter **obgleich, obschon, wennschon** und **auch wenn** eingeleitet.

Beispiele:

Obgleich du nur wenig gelernt hast, ist deine Klassenarbeit noch befriedigend. **Auch wenn** du dich entschuldigst, ist für mich die Angelegenheit damit noch nicht erledigt.

5. Konsekutivsatz (Folgesatz)

Dieser Satztyp wird durch die Wörter **dass, sodass** und **ohne dass** eingeleitet.

Beispiele:

Es ist schade, **dass** die Klassenfahrt verschoben werden muss. Er hatte nur die eine Möglichkeit, **sodass** er die Gelegenheit für sich nutzte. Monika sagte Pascal das geplante Treffen ab, **ohne dass** sie einen Grund hierfür nannte.

6. Finalsatz (Absichtssatz)

Dieser Satztyp wird durch die Wörter **damit, dass** und **auf dass** eingeleitet.

Beispiele:

Simone lernt heute deshalb, **damit** sie auf die morgige Klassenarbeit gut vorbereitet ist. Marcel möchte durch Lernen Vorsorge treffen, **dass** er bei der morgigen Klassenarbeit gut abschneidet.

7. Modalsatz (Art- und Weise-Satz)

Dieser Satztyp wird durch die Wörter **dadurch dass, indem** und **ohne dass** eingeleitet.

Beispiele:

Dadurch dass du die Augen verschließt, wehrst du die Situation nicht ab. **Indem** du lernst, schaffst du dir gute Voraussetzungen für eine gelungene Klassenarbeit. **Ohne dass** er es bemerkte, stand plötzlich Sabine an seiner Seite.

Ein Sonder fall des Modalsatzes bildet der **Vergleichssatz**. Dieser wird durch die Wörter **als ob, wie wenn** und **je... desto...** eingeleitet.

Beispiele:

Das habe ich mir doch gedacht, **als ob** ich das schon vorher geahnt hätte. **Je** mehr du lernst, desto besser bist du auf die nächste Klassenarbeit vorbereitet.

Relativsätze

Relativsätze werden durch die Relativpronomen **der, die, das** sowie **welcher, welche, welches** eingeleitet.

Beispiele:

Das Klassenzimmer, **das** bisher verschmutzte Wände hat, wird neu angestrichen. Das Klassenzimmer, **welches** bisher...

Indirekte Fragesätze

Indirekte Fragesätze werden durch die Interrogativpronomen **wer, was, welcher, welche, welches, wann** sowie **wo, ob** und **warum** eingeleitet.

Beispiele:

Der Lehrer weiß es nicht, **wer** von wem abgeschrieben hat. Der Lehrer möchte unbedingt wissen, **welcher** Schüler abgeschrieben hat. Andreas fragte mich, **wann** wir uns heute Nachmittag treffen sollen. Niemand wusste, **warum** Thomas heute nicht zur Schule kommen kann.

Beachte:

In allen zuvor aufgeführten Beispielen kann der Nebensatz (erkennbar am typischen Einleitungswort) sowohl am Anfang als auch am Ende eines Satzgefüges stehen. Der Nebensatz kann aber auch in den Hauptsatz eingeschoben sein. Auch ist zu beachten, dass der Nebensatz stets durch ein Komma vom Hauptsatz getrennt wird.

Anmerkung:

Die Bildung von Nebensätzen ermöglicht es, sinnvolle **Satzverknüpfungen** vorzunehmen. Sicherlich lassen sich Hauptsätze einfach nebeneinander stellen. Jedoch wirkt dies auf die Dauer doch ziemlich einfallslos und eintönig.

<u>Beispiel:</u>

Marcel ging heute Morgen in die Schule. Er lernte dort fleißig. Er wollte schnell wieder nach Hause gehen. Er wartete auf dem Schulhof auf Simone.

Die erste Möglichkeit ist nunmehr, die vorhandenen Sätze mit beiordnenden Bindewörtern (Konjunktionen) oder Umstandswörtern (Adverbien) stärker zu verbinden.

<u>Also:</u>

Marcel ging heute Morgen in die Schule **und** er lernte dort fleißig. **Anschließend** wollte er schnell wieder nach Hause gehen, **aber** er wartete auf dem Schulhof auf Simone.

<u>Aber auch folgende Konstellation ist möglich:</u>

Marcel ging heute Morgen in die Schule, **um** dort fleißig zu lernen. **Obwohl** er schnell wieder nach Hause wollte, wartete er **aber** auf dem Schulhof auf Simone.

C)　Checkliste: So lernt man lernen

Anmerkung: In der Tat ist es so: Durch "richtiges" Lernen lassen sich schließlich auch die ersten Lernerfolge aufweisen. Was aber heißt überhaupt "Lernen"? Hier wird zwischen zwei allgemein gültige Definitionen unterschieden.

Definition 1　⇨ Lernen für das "Leben"!

"Die Veränderung des Verhaltens oder das Entstehen eines neuen Verhaltens, das aus Erfahrung und Übung erwachsen ist, wird als "Lernen" bezeichnet."

Definition 2　⇨ Lernen für die "Schule"! (schulisches Lernen)

"Das Verstehen, Üben, Behalten und Anwenden von zuvor nicht gekannten Vorgaben bzw. Aufgaben wird als Lernen bezeichnet."

Das Kennenlernen der zuvor beschriebenen Definitionsmöglichkeiten soll helfen, für sich selbst die Antwort auf das "richtige" Lernen in Bezug auf "schulisches" Lernen zu finden. Hieran knüpft schließlich die Frage, wie sich erfolgreiches Lernen unter dem Gesichtspunkt von "Lernen für die Schule" erzielen lässt. Die nachfolgend aufgeführten Thesen und Tipps orientieren sich demnach ganz bewusst an den Bedürfnissen des schulischen Lernens.

Wie kann man erfolgreich lernen?

Tipp 1: Lerne zu festgelegten Zeiten. So werden bestimmte Tageszeiten bzw. Stunden von selbst zu Reizauslösern für anstehende Lernphasen. Mache dich innerhalb von Lernphasen "frei" von äußeren Einflüssen. Übe eine gewisse Zeitdisziplin. Zwinge dich aber nicht. Wenn du einmal lustlos bist, so versuche am nächsten Tag zur gleichen Zeit (allerdings in doppelter Zeit) versäumte Lernphasen nachzuholen. Halte dich aber an deine innere Uhr.

Tipp 2: Lerne an einem festen Lernplatz. Dieser Platz wird somit Reizauslöser für bevorstehende Lernvorgänge. Ein Platz, eigens zur Erledigung von schulischen Lernvorgängen, schafft eher eine motivierende Atmosphäre.

Tipp 3:   Die zu lange Beschäftigung mit ein
und demselben Lernstoff ermüdet und
mindert die Konzentration. Bessere
Lernerfolge lassen sich hier durch
kürzere und dafür häufigere Lernphasen erzielen. Lege also etwa nach
einer halben Stunde eine Pause von
fünf Minuten und nach einer Stunde
von zehn Minuten ein. Verlasse während der Pausenzeit deinen Lernplatz,
um dich vom Lernstoff abzulenken.

Tipp 4:   Lerne mit "individuellen Lerntricks".
Beteilige möglichst viele Sinne am
Lernprozess. Visuelle Hilfen wirken
unterstützend (Fotos, Zeichnungen,
Filme, Tafelbilder, farblich markierte
Hervorhebungen im Lern-/Arbeitsheft)
bei der Bewältigung von Lernprozes-
sen und auf das Gedächtnis bzw. das
Erinnerungsvermögen. Zudem wird
der Wiedererkennungseffekt "im Kopf"
geschult und schließlich gesteigert.

Tipp 5:   Verteile Wiederholungen über längere
Zeiträume. Dies bringt mehr Nutzen

als zahlreiche unmittelbar aufeinander folgende Wiederholungen. Hierbei sollte die erste Wiederholung möglichst früh nach dem Lernen erfolgen. Benutze ggf. eine Lernkartei.

Tipp 6: Gliedere den Lernstoff nach logischer Zugehörigkeit bzw. in Teilabschnitte. Das verschafft einen besseren Überblick über das Stoffgebiet, erhöht die Einsicht in Zusammenhänge und erleichtert das Lernen von Details.

Tipp 7: Setze dir Teilziele. Der Lernstoff wird somit überschaubarer und schafft zudem frühzeitige Erfolgserlebnisse, die zusätzlich motivierend wirken.

Tipp 8: Gönne dir regelmäßige Pausen. Auch das Gehirn muss die Gelegenheit erhalten, den Lernstoff zu "verdauen". Pausen sind um so mehr sinnvoller, je mehr sie sich von den einzelnen Lernstoffbereichen unterscheiden. Mache z. B. zwischen

Mathematik und dem Fach Deutsch eine Pause von fünf bis zehn Minuten. Die erste Pause nach Lernbeginn erfolgt etwa nach 30 Minuten für fünf Minuten und nach 60 Minuten für zehn Minuten. Die Pausenzeiten sollten danach alle 30 bis 45 Minuten für weitere fünf Minuten erfolgen und zwischen inhaltlich unterschiedlichen Lernstoffbereichen für etwa zehn Minuten.

Tipp 9: Du kannst Gelerntes um so besser behalten, je mehr Verbindungen bzw. Verknüpfungen mit schon Bekanntem von dir hergestellt werden können. So gibt es in den einzelnen Lernstoffbereichen oftmals Parallelen zum bereits Gelernten.

Tipp 10: Suche dir einen "Sozialpartner", der bereit ist, dich "abzufragen". Er sollte auch in der Lage sein, sich lobend über dich zu äußern, wenn du deine Sache gut gemeistert hast. Lern-Verhaltensweisen lassen sich fördern, wenn sie durch Belohnung und durch Erfolge sowohl am Lernplatz als auch in der Schule bekräftigt werden. Sei aber ebenfalls bereit, deinen "Sozialpartner" zu unterstützen. Somit lässt sich Gelerntes weiter festigen.

Viel Erfolg...!

103

Erklärung der Fachbegriffe im Überblick:

Adjektiv	Eigenschaftswort
Adverb	Umstandswort
Akkusativ	der 4. Fall (Wen/Was)
Akkusativobjekt	Satzergänzung im 4. Fall
Aktiv	Tätigkeitsform bei Verben
Artikel	Geschlechtswort/Begleiter
Attribut	Beifügung zum Zweck der näheren Bestimmung
Dativ	der 3. Fall (Wem)
Dativobjekt	Satzergänzung im 3. Fall
Deklination	Beugung in verschiedene Fälle
Demonstrativpronomen	hinweisendes Fürwort
Finale Konjunktion	ziel-/zweckgerichtetes Bindewort
Finitum	Kern der Satzaussage
Flexion	Beugung; Oberbegriff zu Deklination und Konjugation
Funktion	Aufgabe
Futur	Zukunft; Zukunftsform des Verbs
Frage-/Relativadverb	Umstandswort der Frage und des Bezuges (z. B. Wohin, Wo Warum, Weshalb)
Genitiv	der 2. Fall (Wessen)
Genitivobjekt	Satzergänzung im 2. Fall
Genus	grammatisches Geschlecht
Gliedsatz	Nebensatz in der Funktion eines Satzgliedes
Hypotaxe	Unterordnung

Imperfekt/Präteritum	1. Vergangenheit
Infinitiv	Grundform v. Tätigkeitswörtern
Infinitivkonjunktion	Bindewort im Zusammenhang mit der Grundform
Indefinitpronomen	unbestimmtes Fürwort
Interjektion	Ausrufe-/Empfindungswort
Kasus	Fall, in dem ein gebeugtes Wort stehen kann
Kasusselektion	Fallbestimmung eines Hauptwortes durch ein anderes Wort
Kausal	begründend
Kausaladverb	begründendes Umstandswort
Kausaladverbiale	begründende Umstands-Angabe
Kausale Konjunktion	begründendes Bindewort
Komparativ	Vergleichsstufe
Konditionale Konjunktion	Bindewort, welches Bedingungen angibt
Konjugation	Bildung/Beugung verschiedener Verbformen
Konjunktion	Bindewort
Konjunktionalsatz	Nebensatz, der durch ein (unterordnendes) Bindewort eingeleitet wird
Lokal	örtlich
Lokaladverb	Umstandswort des Ortes
Lokaladverbiale	Umstandsangabe des Ortes
Modal	die Art und Weise; das Wie betreffend
Modaladverb	Umstandswort der Art und Weise

Modaladverbiale	Umstandsangabe der Art und Weise
Modalverben	Tätigkeitswörter, die die Aussage eines Satzes modifizieren
Nomen/Substantiv	Hauptwort
Nominativ	der 1. Fall (Wer)
Numerale	Zahlwort
Numerus	Anzahl; Oberbegriff für Einzahl und Mehrzahl
Objekt	Ergänzung im Satz
Parataxe	Gleichordnung
Partikel	Oberbegriff für Verhältnis-, Binde- und Umstandswort
Partizip	unbestimmte Verbform
Passiv	Leideform bei Verben
Personalpronomen	persönliches Fürwort
Perfekt	2. Vergangenheit; vollendete Gegenwart
Plural	Mehrzahl
Plusquamperfekt	3. Vergangenheit; vollendete Vergangenheit
Possessivpronomen	besitzanzeigendes Fürwort
Prädikat	Satzaussage
Präposition	Verhältniswort
Präsens	Gegenwart
Pronomen	Allgemein für Fürwort
Pronominaladverb	Umstandswort, welches sich aus Adverb und Präposition zusammensetzt
Reflexiv	rückbezüglich
Reflexivpronomen	rückbezügliches Fürwort

Relativpronomen	bezügliches Fürwort
Relativsatz	Nebensatz, der mit Relativ-Pronomen oder Relativadverb eingeleitet wird
Satzglieder	Im Satz relativ frei verschiebbare Einheiten
Singular	Einzahl
Subjekt	Satzgegenstand
Substantiv	Hauptwort; Nomen
Substantivierung	Wort aus einer anderen Wortart, welches zum Hauptwort erhoben wird
Syntax	Satzlehre
Temporal	zeitlich
Temporaladverb	Umstandswort der Zeit
Temporaladverbiale	Umstandsangabe der Zeit
Tempus	Zeitform
Verb	Tätigkeitswort; Zeitwort
Verbaladjektiv	Eigenschaftswort, welches von einem Tätigkeitswort ab stammt